农民十万个怎么做丛书

陈文胜◎主编　王文强◎执行主编

农民十万个怎么做

环境保护篇

廖卓娴　李寒秋　刘新荣◎编著

国家行政学院出版社

图书在版编目（CIP）数据

农民十万个怎么做．环境保护篇／廖卓娴，李寒秋，刘新荣编著．
—北京：国家行政学院出版社，2013.3
ISBN 978-7-5150-0663-5
Ⅰ.①农… Ⅱ.①廖… ②李… ③刘… Ⅲ.①科学知识－普及读物
②环境保护－普及读物 Ⅳ.①Z228 ②X-49
中国版本图书馆CIP数据核字(2013)第040500号

书　　名　农民十万个怎么做．环境保护篇
编　　著　廖卓娴　李寒秋　刘新荣
责任编辑　汤中方
出版发行　国家行政学院出版社
（北京市海淀区长春桥路6号　100089）
电　　话　(010)68920640　68929037
编 辑 部　(010)68928873
经　　销　新华书店
印　　刷　北京中印联印务有限公司
版　　次　2013年9月北京第1版
印　　次　2013年9月北京第1次印刷
开　　本　787毫米×1092毫米　1/16
印　　张　10
字　　数　137千字
书　　号　ISBN 978-7-5150-0663-5
定　　价　19.00元

总　序

自十六大以来，党中央始终把解决好“三农”问题放在全党工作重中之重的位置，着力统筹城乡经济社会发展，加快形成城乡发展一体化新格局。为此，连续发布了十个以“三农”为主题的中央“一号文件”，实施了一系列前所未有的强农惠农富农政策，通过取消农业税，对农民实行直接补贴，改革粮食流通体制、集体林权制度、农村金融体制，把国家基础设施建设和社会事业发展的重点放到农村，实行农村中小学免费义务教育，建立新型农村合作医疗、新型农村社会养老保险和农村最低生活保障制度，促进农村劳动力自由就业等重大举措，极大地解放和发展了农村社会生产力，使农业和农村发展取得了举世瞩目的成就。可以说，党的十六大以来的十多年，是党的强农惠农富农政策出台最密集的十多年，也是农民得实惠最多的十多年，是农民物质与精神文化生活水平提高最快的十多年。

只有调动了农民的积极性和激发了农民的创造力，农业的发展、农民的富裕、农村的兴旺才可能具有最坚实的基础。农业之所以能获得“九连增”、农民收入增长之所以能实现“九连快”，农村之所以能保持九年持续的和谐稳定，最根本的一条，就是中央在制定农村政策时始终把保障农民经济利益、尊重农民民主权利作为基本原则，着眼于提高农民增收能力，尽可能使农民平等参与现代化进程，共享改革发展成果，因而使得蕴藏在亿万农民群众中最伟大的发展作用得到了发挥。

当前中国农村正在进入全面转型时期，“三农”发展面临着难得的机遇，但也面临不少复杂的问题。国际形势复杂多变，世界各国抢占农产品市场话语权的竞争越来越激烈。国内资源环境约束不断加剧，农业与工业、农村与城市争夺耕地、水资源、人力资源等资源要素的竞争日趋严峻，特别是农村劳动力素质偏低，青壮年劳动力不断进城务工，“空心村”不断增多，“谁来种地”、“谁来养猪”已成为无法回避的重要问题；农业科技含量、劳动生产率低，小规模分散经营与大市场之间矛盾日益突出，农村基础设施建设和社会事业发展仍然滞后，城乡居民收入总体上还存在较大差距，农民向非农产业转移就业和融入城市仍面临一系列体制障碍，农村改革和发展的任务仍然十分艰巨。

人是生产力中最活跃的因素。适应新的发展形势，解决“三农”发展面临的系列问题，不仅要坚持工业反哺农业、城市支持农村和多予少取放活方针，进一步破除体制机制障碍，继续加大强农惠农富农的政策力度；更为重要的是要坚持以人为本，将推进农村改革发展与提高农民能力素质紧密结合起来，进一步发挥农民的主体作用，不断提高农民的文化素养和科技水平，增强农民自主意识和自我发展能力，培养有文化、懂技术、会经营的新型农民，适应农村转型发展的需要。这无疑是新时期加快农村发展的重要课题。

陈文胜研究员主编的《农民十万个怎么做》丛书，立足于中国城乡社会变迁、传统农业向现代农业转型的背景，以提高农民素质、促进农民增收、维护农民权益、改善农村民生为出发点，着力于帮助解决与农民的日常生产生活息息相关的现实问题，具有较强的时代性、实用性和可操作性。同时，该丛书遵循农民喜好与思维特点，采取一问一答的形式，以新理念、新技术、新政策、新内容，以及生动的案例、活泼的讲解、通俗的语言、新颖的编排，为广大农民奉献了一套内容丰富、易懂好用、特色鲜明的知识丛书。丛书分为五册，分别从生产生活、技术信息、增收致富、环境保护、权益维护等方面，为农民答疑解惑。

党的十八大报告提出了“促进‘四化’同步发展”、“推动城乡发展一体化”的发展思路，为深化农村改革、进一步推进农村经济社会持续发展指明了方向。如何进一步发挥广大农民的积极性、主动性、创造性，以推动农民自身进步作为加快农村社会转型、实现城乡发展一体化的最坚实的力量，还需要“三农”理论与实际工作者的不断深入研究与探索。《农民十万个怎么做》丛书以提升农民自身发展能力来促进“三农”问题的解决，做到了把理论放在田野中，把文章写在大地上，把文风揉进泥土里，贴近农村现实，贴近农民生产生活，无论是出发点还是落脚点、无论是内容还是形式都值得肯定。衷心希望该丛书能够达到编写的初衷，切切实实服务于农民，让广大农民朋友真正从中受益。

是为序。

中央农村工作领导小组办公室主任 陳錫文

ontents
目录

PART

居住安全时时谨记

居住安全关系千家万户，是新农村建设的重中之重，广大农村居民应当高度重视，时时谨记。居住安全涉及的问题方方面面，既有思想和意识层面的，也有技术和操作层面的。本章设计的问题涵括居住安全的方方面面，引导农村居民增强居住安全意识，防范居住安全风险。

1 新建房屋需要选址，该怎么做？

古代农村建房选址，非常讲究“风水”，喜爱“风水宝地”，形成了众多宝贵的经验，比如在南方山区建房讲究“背山面水”，即背靠山坡，面临河流、沟渠、池塘或者水田。因为这既便于农民上山拾捡柴禾、收取山货，也便于他们日常生活起居的用水，还可腾出平坦土地种植粮食作物，可谓一举多得。尽管今天的农村与传统的农村相比，已经发生了翻天覆地的变化，但在建房的时候，选一个好的地方，仍然是农民非常看重的事情。

小故事 不是风水不好，而是台风太坏

2009年过年的时候，村民李旺财外出打工回家，不仅带回了这些年储备的积蓄，还给他的父母带回一个贤惠漂亮的儿媳妇。一家人商量决定建新房。李旺财请来了风水师父甲先生，甲先生在山坡边缘给他家挑了一块“风水宝地”。为了建这栋3层楼房子，李旺财光是做切坡就花了4万多元。切坡做起来后，比他的3层楼还高出1倍。很快，房子就建好了。可是，2010年夏天，接连的两次台风把他家的房子吹塌了。“太可怕了”，李旺财说，第一次台风来时，房屋内的部分地砖就出现了小裂缝，几天后第二次台风再次冲击，墙体就开始断裂，全家人不得不紧急转移到村里安排的安全地带。现在，房子只剩下一半，再也无法居住了。无独有偶，李旺财兄弟李旺发的房屋地基也是甲先生给看好的，也在山坡边缘，这次台风来时，李旺发一家刚转移出去，他的房子就被山体滑坡冲垮了，十分危险！旺财、旺发一时懊恼，认为那个风水师父太可恨了，于是找他理论：“当初建房时你不是说‘房子靠了山，金银财宝随我搬’吗，现在，我们的票子花了、房子倒了，我们只好到你家里去搬金银财宝啦！”风水师父甲先生想了想说：“台风惹的祸、不是我的错。那两块地嘛，不是风水不好，而是台风太坏。”

故事中李旺财两兄弟的房子会崩塌，最根本的原因就是当初建房时没有选对地方，上了风水先生的当。李旺财将房子建在山坡边缘，岩层比较松碎，台风、大雨时，地表水渗入坡体，软化了岩、土及其中的软弱面，当这种力量积聚到一定程度时，房子崩塌也就不可避免了。看来，选择建房的地方，依赖风水先生是不行的，自己懂得一些科学的知识才是最重要的。

◎ 尊重科学，才能建好你的“安乐窝”

农村建房不但要在国家土地管理政策范围内进行，而且涉及农村社会的历史沿革、风俗习惯方面的因素，特别是涉及地质安全方面的专业知识。所以科学选址非常重要。一般来说，要注意以下几个方面：

第一，周围环境要重视。房子周围的环境很重要，地基土壤要清洁，要远离沼泽地带，不要在用垃圾等污物填平的地基上建房，最好选择在自然条件和卫生条件好的地段建房。同时，要避开旧河道、水塘水库的填平区、河道边液化区等不良地段以及空气和水受到污染的地段，特别要尽量避免建在污染源的主导风向的下风向。

第二，土地使用要节约。当前，农村土地建房已经成了农村耕地减少的主要原因。目前，国家在这方面有严格的政策规定，建房不能侵占耕地。因此，在选择建房用地时要尽量不占耕地、林地、人工牧场，而尽量选择荒地薄地、山坡和其他符合国家政策要求的土地。

第三，自然灾害袭击和颇具威胁的地段要避开。自然灾害有洪水、泥石流、地面沉降等。在山区容易发生泥石流、山体滑坡等地质灾害，所以建房选址尽可能不要靠近容易滑坡的山体，当不得不选在靠山地带时，应该察看后山的地形，尽可能留出安全空间。在洪水多发地区，要选择在常年洪水发生地以上一定高位的平缓地，尽可能避开江、河、湖、水库和被沟切割的陡坡。宅基地的土层也要考察，要注意有无岩洞或土洞，注意土层的压缩性和土层分布的均匀程度，如果分布不均匀和压缩性过大，都会造成房屋的沉降差过大，引起房屋倾斜或房屋开裂。

第四,生产生活要方便。首先,水源充足、水质良好的位置是建房的佳址。水安全有四项标准:一是饮水保证率，就是在较长一段时间内，保证一定的供应量，包括枯水期和干旱的年份供水保证率不低于95%;二是水量，要保证在一定时间内，每人每天可获得的水量不低于40～60升;三是水质，饮用水要达到国家颁布的一系列的指标;四是获取方便，以人力取水往返时间不超过10分钟为安全，取水往返时间不超过20分钟为基本安全。其次，选址不能远离生产作业地。农村建房要尽量方便生产经营，农民无论是耕作、施肥、看护庄稼、收获粮食都要求住房距耕地越近越好。

第五，磁场区要规避。人的生命规律会受到地磁场异常地区的扰乱。因此，选址建房时，避免铁路、公路和高压输电线穿过的地区，也要避开已经探明有可供开采的地下资源或有重要历史遗址的地方建房。

❷ 确保新建房屋安全耐用，该怎么做?

屋是家的载体。建房是农民朋友一生中的头等大事。为了建房，农民朋友可能要花上数年的积蓄，有的甚至是一代或者两代人的心血。所以，建一栋结实耐用的房屋，尽量延长使用的年限，减少维护费用，对于农民朋友来说是非常重要的。然而，随着农村建房的增多，由此引发的建房纠纷也呈上升趋势，其中最大的就是质量问题，有的房屋建好后不久，墙体就出现裂缝，有的房屋没有盖好房顶就发生塌陷等，这些又给我们敲响了警钟。

小故事 请“建房游击队”惹出的麻烦

天门岗村的高勇夫妇常年在外打工，逐渐有了一点积蓄。他俩这辈子有两大心愿：儿子小武考上大学；家里盖一座三层的小洋楼。聪明的儿子去年如愿以偿地考上了重点大学。两口子琢磨着趁年轻要把第二个愿望加紧实现。于是，2010年春节，他们请“泥瓦匠”黄大为其修建3层砖混结构的房子，双方签了一份简易协议。黄大雇请了一支个体施工队伍进行施工，但到下半年，毛坯房建好后高勇通过检查发现了一系列问题，于是要求承建方立即停工，并由此引发纠纷。后来，经某司法鉴定中心鉴定：该房混凝土浇捣欠密实，局部存在漏洞；混凝土存在漏筋现象，造成受力钢筋严重侵蚀；钢筋制作与安装极不规范，随意性大，有多处质量瑕疵。高勇进一步发现，建房的施工队中，没一个懂建房技术的人，黄大也只是个体瓦匠，凭经验在操作，所以质量出现问题是难免的了。花20多万元建的房子质量问题一堆，原本为建新房而大喜的高勇一家现在高兴不起来了。而且当时合同并未明确工程质量纠纷责任条款，所以要向施工队索赔还比较麻烦。“如果我们建房子请的都是专业队伍的话，就不会出现这么多的质量、技术问题了”，高妻一再强调。

高勇夫妇用辛辛苦苦积攒多年的血汗钱，换来一座危机四伏的房屋，严重威胁着自己的生命财产安全。产生这个问题的原因是：村民建房缺乏常规意识，总认为房屋由谁建都一样，所请的工匠临时拼凑，更不知道建房还存在很大学问。

那么，如何建一座结实耐用的房子呢？

第一，要请一支素质较高的施工队伍。近年来，随着法律法规的不断完善，农村建房施工队伍逐步规范，个体工匠在经过正规的培训领取上岗证后，方可承接施工项目，建房质量也有所提高。因此，村民建房时，要找有资质和技术设备较为完善的施工队施工；要与施工队签订详细的书面合同，明确双方权利义务；房屋竣工后要由质检部门验收合格，才能投入使用。

第二，要切实把好建材质量关。“百年大计，质量第一。”建筑材料的好坏直接关系房屋质量，关系到生命财产安全，马虎不得。钢材、水泥、预制板等材料，一经使用难以更换，难以补救。因此，建房过程中，首先要抓好施工材料的质量检查，若是自己购买建材，不能贪图便宜，毕竟是百年大计，为减少不必要的麻烦，购买时不要吝啬，尽量购买大厂家生产的产品，购买时要索要产品合格证及购物凭证；若是施工方购买建材，房主要进行仔细检查，看是不是正规厂家的产品，有没有什么问题。有条件的话，最好在施工前到质量监督部门做个质量鉴定。

第三，要把好建筑设计关。房屋好不好，与设计关系紧密。最好是请专业的设计单位或设计师帮助进行设计，充分考虑各方面的环境条件，合理布局、科学设置内外设施，做到实用美观、安全舒适，既适应时代潮流，又避免浪费。

第四，要把好房屋建设监督关。一般的农民建房聘请有资质的建筑公司不现实，一是费用高，二是对方一定会嫌工程量太小，利润低，不愿承接。而让农村施工队来施工，往往心里又不放心。最好的办法是到各乡镇的建筑管理部门聘请一位质量监督员。花费一定的费用，签订好协议，施工过程中的质量问题由监督员把关。

3 确保新建房屋能够预防雷害，该怎么做？

雷电灾害是最严重的自然灾害之一。由于农村基础设施简陋，住房、野外生产无雷电防护措施，防雷基础设施建设投入较少，村民又普遍防雷意识淡薄和缺乏防雷知识，所以农村往往是雷害的高发区，农民也是最易受雷害威胁的高危群体。早在 2005 年，有关部门进行了统计，当年全国共发生雷击灾害事故 6200 多起，导致 530 人死亡、504 人受伤，其中死伤事故发生在农村的人数占到 90% 以上。而一般的农村除了学校、村办公楼以及文体中心等公共建筑装有防雷设施外，农民自住房安装避雷针之类设备的少之又少。由此可见，农村是防雷工作的薄弱环节，农民防雷安全意识有待加强。发生雷电灾害的后果很严重，防雷需要从最基础的工作做起，农民朋友在建新房的时候，就要将防雷工作摆在非常重要的位置来考虑，防患于未然。那么，怎样使自己的新建住房防雷呢？

第一，建房地点要避开雷击区。在建房前，广泛调查，如果发现某一局部地带曾有多次雷击的历史，不要在这个地方建房。一般来说，山坡和水田交界的地方、地下水出口处、地形位置较高处、邻近潮湿和水草地区、金属矿床地区等地方比较容易遭雷击，所以建房地点要尽量避开这些地方。

第二，房屋外形很重要。房屋外形注意不要冒尖，不要有特别突出的部位（如尖顶），冒尖的房屋具有较大的电场强度，容易吸引雷电；房屋也不要修得太高，不要在空旷平坦的地方建房，这样同样会形成尖顶效应，容易遭到雷击。

第三，安装避雷针。避雷针是用来保护建筑物等避免雷击的装置。避雷针的工作原理是：在高大建筑物顶端安装一根金属棒，用金属线与埋在地下的一块金属板连接起来，利用金属棒的尖端放电，使云层所带的电和地上的电逐渐中和，从而不会引发事故。我们安装的时候要注意，一是每一个级别的防雷区需要的避雷针规格都不一样，其针规格必须符合国家有关标准。二是避雷针的安装是很专业的工程。想安装的话，一定找有资质的专业公司帮助设计安装，如果安装方法不当或错误，不但起不了避雷作用，还会引雷，从而引发家中电器受损、人员伤亡等。同时，千万不要在房顶、烟囱、高大的树尖上随便竖立金属物件作为避雷针，其结果非但不能避雷，反而会因形成尖顶起到引雷作用。

第四，房屋结构要能阻雷挡风。在农村，关于雷电砸进屋里的事件常有出现，这是因为雷电中有一种球雷，它闪着紫色或灰红色的光，在空中飘行或沿地面滚动，很可能随风而进入住宅，物体和人碰到，有时会产生爆炸，伤害人的生命和财产。因此，房屋内尽量不要留不能关闭的通风口，山墙、侧墙要能封到顶，在雷电发生时，所有门窗要关闭，在房屋周围，还要多栽树木，形成保护屏障。

第五，防止雷电随电线入侵。强大的雷电会产生电场的变化、磁场的变化和电磁辐射，形成雷电波，雷电波可能会随低压电线、广播线等进入室内，造成电子、电器设备的损坏，甚至引起火灾。所以还要做好室内的电线电器防雷工作：室内接电器的电线以及收音机、电视机的天线最好装上开关，闪雷电时或不用时可以断开开关；电器设备不宜靠近外墙，灯头、插座位置不要离床头太近；闪雷电时尽量不要拨打和接听电话；选购家电时可以考虑购买有防雷击功能的；为防止雷电波沿低压配电线路侵入建筑物，在线路入户的地方，将进户前的绝缘瓷瓶铁脚接地。

4 预防房屋拆建中的伤害事故，该怎么做？

在农村，拆旧屋盖新房是一件大喜事。近年来，随着我国农村经济发展、新农村建设的推进和农民生活水平大幅度的提高，拆建房屋、改善居住条件是经常的事。但拆建房屋是一件较复杂且有一定危险的事，一不小心就会出现人身伤亡事故，既给伤亡者及其家属带来不幸，同时也给建房者造成不应有的经济损失。因此，确保安全是农村拆建房屋的头等大事。

小故事 农村建房，安全第一

东阳市上卢镇下社姆村的张群家老房子拆建造新房子，刚动工不久就被迫停了下来。张群家的老房子是他爷爷留下的青砖房，一共3间，总面积有110多平方米。由于现在家里人丁增多，老房子住着显得拥挤，而且家里来个客人也没地方住。一家人商量后决定，拆掉老房子，盖一幢3层半的小洋楼。2010年6月，当相关手续办齐后，张群家拆建房子开始动工。他将工程包给当地的建房“游击队”队长朱健伟建造，但朱健伟这位大包工头又将泥工、木工等分别转包给几名小包工头，小包工头又如法炮制，将56岁的李平招来做临时工。9月15日下午，小包工头朱金木在开吊车，李平则在一旁工作。吊车钩到了横梁，横梁“轰”的一声掉下来，砸在李平身上，李平当场不省人事，后经医院抢救无效死亡。改造房屋本是一件好事，结果却造成了一场悲剧，张群怎么也高兴不起来。

拆建房屋发生人身损害事件的悲剧为我们敲响了警钟。究其原因，主要有：

第一，自身安全观念淡薄。农村拆建房施工一般很少关注施工人员有无进行过正规的安全施工培训这一问题，只要工钱价格合适，就可以了。而一般的农村施工队伍是临时拼凑起来的，承包人和施工人员很少参加过建筑行业的专业培训，施工过程中难以严格按照相关的安全标准要求施工，对于安全隐患疏忽大意，不采取行之有效的安全防护措施，如不戴安全帽，不设防护网等，埋下了安全隐患。特别是一些低素质的施工人员在施工时偷工减料，不严格按照质量要求施工，结果容易造成安全事故。

第二，房屋结构上存在重大安全隐患。很多农民朋友的房屋设计是根据他人房屋样式，凭借自己和承包者经验自行设计的，房屋结构上的安全性难以得到保障，加上修建过程中没有专业人士进行施工指导，只是凭借经验进行操作，一不小心就会导致安全事故的发生。特别是拆旧房子中，往往由于旧房老化，施工人员又不清楚其结构，本身就存在安全隐患，稍不注意就会出安全问题。

第三，施工设备简陋。很多农村拆建房屋施工中使用的脚手架及架板均为房主拆除的旧木头或是临时砍伐的树木，吊装设备为没有安全性能保障的自制电葫芦，电线乱搭甚至裸露在外，各类施工设备十分简陋，安全性差，容易出安全事故。

为了有效地防止房屋拆建中事故的发生，我们应该做到：

第一，加强有关安全防范、安全施工方面的知识学习，提高安全防护技能，吸取别人的教训。加强安全意识，不仅要做到硬件保障，而且要做好保护生命安全的准备工作，经常检查防护网、脚手架及架板以及其他施工设备是否存在安全隐患。建房者自己增强安全防范意识的同时，要叮嘱施工者增强自我保护意识，在建房过程中自觉地采取安全防护措施，戴好安全帽，减少人身伤亡事故的发生；为防意外，最好能督促承包者为施工人员办理相应的工伤保险，以防万一出现事故时尽量减少损失。

第二，建房者应寻找有相应资质的建筑单位进行施工，签订合同时要仔细审查对方有无资质，而不能贪图省钱省事，万一发生事故时就后悔莫及了。如果是找建筑工程承包人，一定要调查了解他的底细，特别是他在当地的信誉和口碑是否可靠，以及是否有相关的从业资格证件。不管是委托建筑公司还是委托承包个人，都要签订好施工合同，明确责任，列出相关质量标准和安全事项，既可以对施工方起到警示作用，也能防止出现事故后发生纠纷。

第三，在拆建旧房屋时，农民朋友要告诉施工方自己的旧房的情况，是什么结构，有什么安全隐患，以提醒施工方注意安全。如果要利用旧房的一些材料，不仅需检查它的性能是否可以继续使用，而且避免用在关键的部位，特别是承重的部位一定要用新材料，不能用旧的材料。有条件的农民朋友还可以购买“农民建房意外伤害保险”，以防万一发生重大意外给自己带来巨大损失。

5 需要设计装修好自己的房屋，该怎么做?

随着农村经济条件的改善，农民朋友建好新房后，大都会装修一番，也有很多家庭在有了一定的经济实力后，会将自己现有的房屋装饰一下，怎么才能装修好自己的房屋，做到既省钱、实用，又符合时代潮流？其实，做好以下几个方面很重要：

◎ **当好设计师，很重要**

自己设计，省钱如意。农民朋友在进行房屋装修前要与家人商量好装修标准，哪些是必需的装修项目，哪些是可有可无的，根据自己的经济实力来选择。另外，颜色、风格都需要重点考虑，这要多到别人家里去参观学习。一般情况下，多请教别人，到市场上多走访一下，加上多与装修施工师傅沟通，就可以设计出比较实用的装修样式来。当然，条件允许的情况下，也可以请专业的装修公司设计，省去自己很多麻烦。

在装修设计时，还需要考虑绿色环保和节能，使房子的装修既美观又不会损害健康。一方面要选择绿色环保的装修材料，正规厂家生产的装修材料一般都经过了环保部门的质量认证，安全有保证，是房屋装修的首选。不能贪图便宜购买那些无质量保证的材料。有条件的家庭可以考虑：地板下铺设活性炭，既隔音、隔凉，又能防潮，避免细菌等微生物滋生；家具封边，把甲醛封在里面，不会泄漏，家具的板材选择双面板；选择真空节能玻璃窗，冬暖夏凉，可节约能源 20% ～ 30%，塑钢窗框是首选，其次为彩钢；安装太阳能热水器，节能、环保又安全。

找一个合格的装修队。只有找对人，才能办好事。一个合格的装修队应当有自己的木工、瓦工、管工、电工和油漆工等，具备独立完成装修任务的能力，做到萝卜有坑，有案可查。找装修队也要“货比三家”，可多找几个进行比较，看看他们原来装修的工程怎么样，可以约亲朋好友或正在装修的邻居一起去看。

◎ **当好经济师，很关键**

装修工程比较复杂，农民朋友既要精打细算，也要会砍价。砍价是一门学问，砍价态度要虚心诚恳，装修队的利润为总工料费的 20% ～ 30%，因此，留出利润空间是保证品质的基础。

决定承包方式。是包工包料，还是包工不包料？包工包料，省心省力，可是质量不能保证；包工不包料，虽然辛苦些，可是装修材料心中有数，质量有保证，同时也节约了资金。但是无论采取哪种承包方式，农民朋友都要做到：认识材料；了解工艺流程；参与现场测量；仔细审查装修队的预算；签好合同与制定付款方式，每个项目验收合格后再付款。

排好日程，掌控进度。要装修队做出施工进度表，时间过长或过短都是不正常的：过短，不能保证工程质量；过长，这里面有猫腻，不得不防。一般家装在 40 ～ 60 天之间。其工艺流程如下：开工→拆除凿毛（2 ～ 5 天）→标定房间新格局（1 天）→木工活、水电等配管（10 ～ 15 天）→瓦工活、水电配管、窗的安装等（10 ～ 15 天）→空调、智能设备、水电配管等（3 ～ 4 天）→安装五金、玻璃等（2 ～ 5 天）→铺设地面（2 ～ 3 天）→油漆活（2 ～ 3 天，雨天顺延）→安装洁具、厨具、窗帘（1 ～ 2 天）→完工。

◎ 当好监理员，很必要

对装修过程进行监督，是保证装修质量的重要保障，农民朋友不要认为将工程交给装修队后就万事大吉了。

亲自测量房间格局。对于旧墙拆除后，新的房间位置、墙厚、质量等，事关安全，要亲自测量、验收，不能马虎。

防水工程，一丝不苟。对卫生间、厨房等处的防水工程验收要一丝不苟。自家合格还不算，还要去问问街坊四邻：有无漏水、渗水现象？以免除后顾之忧。

验收用料是否与约定一致。通过日常检查和竣工验收，看看水泥、石膏、腻子、木料、玻璃、涂料、油漆以及地板、瓷砖、门窗、洁具等，是否与合同约定的一致，免得以次充好。

材料用量，实测为主。墙、地砖，木地板等用料要以实测为准，屋主与装修队长共同进行，以确定最后的工料费。

◎ 当好清洁师，很有用

清除油漆污渍。用清水去除水泥污渍；用松香或去漆剂去除油漆污渍；

用酒精去除金属油漆污渍；壁纸上沾了油漆，可在上面放一张吸墨纸，用熨斗烫一下，即可去除。

清洁窗户。窗框用清水抹布擦拭干净。在清水中加少量的醋擦洗玻璃，光亮如初，可保持较长期间透明瓦亮。百叶窗在使用前，要喷洒防静电喷雾剂，以减少灰尘粘附。

清洁卫生间、厨房。应使用专用去污剂清洁，慎用强酸、强碱清洁剂，以免洁具、厨具受损。专用去污剂清洁剂，在县城超市就可买到。

去味。把木炭、茶根儿放在橱柜内、墙角和木地板上，一周后可去除油漆的味道；把切开的菠萝、柠檬放在室内吸收异味，也有不错的效果。当然，保持自然通风是最根本的举措。

6 新建房屋防火，该怎么做?

近几年来，随着我国改革开放的不断深入，广大农民群众生活水平和居住条件有了很大提高，很多农民朋友虽然修建了砖混结构的房屋，但其日常生活仍然使用柴灶，而且柴草随意堆放，火灾隐患较大。并且现代化家电和农用机械产品进入到每个家庭，用油、用气、用电大量增多，火灾危险性也大幅提高。那么，要使自己的新建住宅防火应该怎么办呢?

第一，在新建住宅过程中，要注重几个细节：一是屋顶材料。易燃的屋顶材料很容易起火。屋顶要采用防火性能好的材料，如混凝土瓦、金属板、石棉瓦、贴砖等。如果你用盖屋板，一定要使材料能够防火。你需要采取的另一预防措施是：经常修剪垂悬在屋顶上的树枝，消除屋顶上的易燃杂物。二是墙壁各种电源插座。安装在墙壁上的各种电线、电源插座一定要是有质量保证的产品，也不要乱接电线，有需要的话最好请村里的电工来帮助安装；如果出现墙上电闸盒保险丝熔断，灯光闪烁，电视图像不稳，电源插座发烫，开关或电源插座冒火星等现象，可能是电气线路超负荷或是配线有误，要立即请电工进行检查修理。为了预防家庭电气火灾，最好安装漏电保护器。三是窗户。安装窗户时要使其易于打开，不要把大件笨重的家具堵住窗户，不要随便安装铁护栏，也不要把花盆或杂物堆放在窗台上，这样容易成为火灾隐患。应该把窗户作为失火时逃生的出口。如果你需要这样的防盗措施，也要使窗户易于打开和使人能顺利从里面往外逃生。

第二，加强住宅的消防规划。严格遵守《村镇建筑设计防火规范》的要求，建设住宅必须考虑防火分隔，留有防火间距，杜绝建房时见缝插针，杂乱排列，堵塞通道；不要将农村生产经营和日常居住用房混合使用；在选址中一定要选靠近水源丰富的地方，充分利用村庄内各种天然水体作为消防水源，在保证人、畜用水基础上，同时要考虑扑救火灾用水；各相连的住宅之间应留有防火间隔，防火墙应建到房顶，同时要留有必要的消防车通道；新建房屋与装修尽量使用耐火材料，材料应以非燃烧材料为主，尽量避免使用易燃材料和有毒材料；认真考虑好柴草堆放地点，不宜堆放在住宅前后；建造住宅烟囱、炉灶、火墙、火炕也要考虑防火要求。

第三，抓好用火、用电、用油、用气的管理。所用炉灶一定要符合防火要求。不要在炉灶旁堆放大量可燃物；掏出的炉灰要用水浸灭，送到远离可燃物的地方；所用电器要按照电器规程安装，不要用铜、铝、铁丝代替保险丝。电器设备不要靠近可燃物，更不能超负荷运行。住宅内不宜储存易燃易爆化学危险物品，特别是汽油、柴油不要储存在住宅内。要经常检查所用燃气用具，在用燃气做饭时人不能离开。发生漏气时一定要加强火源和电源管理，防止爆燃伤人；要教育小孩不要玩火。燃放烟花爆竹要远离住宅和柴草垛。

7 选择最合适的家具，该怎么做?

家具与人们的生活息息相关，影响着人们的生活质量和身体健康。现在农村家庭中，自己请工匠做家具的越来越少，到市场上直接购买家具的越来越多。挑选家具是一门学科，提醒农民朋友在选购家具之前，最好事先做好知识储备，学些挑选识别各种家具的窍门。特别要注意以下几个选购家具的常识：

第一，尺寸合适。房内空间的大小直接影响家具的尺寸，而家具的尺寸又决定着所需空间的面积和使用的效果。家具与空间的合理比例，是室内视觉效果是否协调的一个关键因素。所以挑选家具首先要从挑选家具的规格开始，在购买前一定要先丈量室内摆放地点的尺寸，再挑选大小、形状适合的家具，农村一般家庭房内空间有限，购买家具不要盲目求大，只要够用、方便或舒适就行，尽量节约空间，使室内敞亮、整洁。

第二，风格协调。家具的色彩是决定室内视觉效果的另一个重要因素。购买家具时要考虑家具的色彩、材质是否与室内的背影相协调，如果室内背影的颜色较深（或光线较暗），便不要选择色调深沉的家具，因为家具的色调深与室内背景色调深重合，就会在室内形成昏暗的气氛，形成压抑感，这样的室内环境就应选择色彩较明亮的家具。但家具的色彩也不要过于强烈、单调或花哨，会不耐看，容易产生视觉疲累。同时，家具的色彩、材质还要与地板色调相协调，如果是瓷砖、水磨石或大理石地板，不宜过多选择钢木家具，以免增加室内冰冷的气氛，可以选用木质家具来调和地板的冷色调。如果是木地板，则可以选择色彩相近的家具相配，使室内风格显得活泼、和谐、秀气。

第三，材料耐用。家具材料决定着家具是否耐用，从材料上分，家具有实木家具、板材家具、金属家具、塑料家具、玻璃家具、布艺家具、藤艺家具等。实木家具的木材品种、年份、产地、厚度决定着材质的好坏，从外观上看，木质干燥、纹理清晰、质地紧密、细腻的木质家具才是好家具，另外木质家具的含水率不能太高，否则容易翘曲、变形，可以用手摸摸家具底面或里面没有上漆的地方，如果感觉发潮，肯定含水率过高，还可以往木材没上漆处洒一点水，如果洇得慢或不洇，说明含水率高。对于板材家具要仔细查看板材的边、面涂胶是否均匀，粘结是否牢固、修边是否平整光滑、是否有刺激性气味，皮子是否贴得平整，有无鼓包、起泡、拼缝不严现象，板材的结合处有没有间隙，是否整齐、松动，特别要注意封边是否有不平、翘起的现象，一般来说厨房、卫生间的柜子不能用纤维板材料的家具，因为纤维板遇水会膨胀、损坏，可以选用三合板材料的家具。钢铁金属类，首先要看看材料厚度，太薄的质量会差些，尽量不要选容易生锈的铁质材料，同时要注意好材料间的接缝处理、焊接部位和着漆情况，表面烤漆、电镀工艺处理后的家具以颜色均匀、平滑、质感强烈为好。塑料家具，要注意看生产家具的塑料的等级，并注意塑料的软硬度、厚度、承载力，可通过观察、按压、坐压等方式进行辨识。玻璃家具尽量选用钢化玻璃，既安全又坚硬耐用，如果是镜子要注意水银镀层是否无瑕疵，镜子是否变形走色等。对于藤艺家具，要选择藤材质地坚硬，柔韧性、承压性强，藤材表面不起皱纹的家具，藤条应色泽均匀无黑斑，饱满无开裂，弹性好。

第四，安全牢固。家具的安全牢固主要体现在两个方面：一方面看是否是健康环保的。家具是否环保涉及人的身体健康，马虎不得。在购买家具的时候，首先要查看相关的质量检测报告书，确保自己购买的家具是健康环保的，拿不出质量检测证明的，最好不要买；然后要闻一闻气味，不仅要贴近家具表面去闻，还要打开抽屉、柜子去闻，如果发现气味刺激眼睛、鼻子、喉咙，则一定不是环保的家具，刺激性的气味越重，就可能甲醛等有害物质的含量越高；闻了气味后，还要仔细观察油漆是否平整、光滑、不起皱、不掉漆、不发粘，如果有异常现象，表明油漆可能质量不好，同样对人的身体有危害。另一方面看是否平整牢固。家具是否平整牢固涉及使用安全。床、沙发、衣柜、餐桌、书桌等家具的四脚必须是平整的，且无结构松动，查看家具时，可以摇一摇，坐一坐，晃一晃，如果发出声音，就要注意，可能这个家具不牢固，对于小件家具如椅子、凳子、衣架等还可以在地上拖一拖，轻轻摔一摔，如果有松动、声音发哑、杂音明显，说明结合可能不严密，并且要检查一下螺丝是否松动，柜门、拉手等是否牢固，门锁等配件是否安装正确等。同时，对于家里有儿童的，选择的家具的易碰撞部位最好是圆角的，直棱直角的会威胁到儿童的安全，家具上最好不要安玻璃或镜饰，以免破碎伤人。

第五，商家可靠。选购家具要尽量选择信誉好、消费者满意或售后服务信得过的家居市场或商户，不要盲目相信那些电视购物广告。同时要有耐心，做到货比三家，对同一款式、同一品牌的家具，要从质量、价格、服务等方面进行比较、综合考虑，尽量使自己的家具物美价廉。购买家具后要向商家索要发票，发票必须注明家具的材质、规格、数量、价格、金额，并索要产品保修卡，以便日后保修，同时要了解商家和生产厂家的名称、地址、联系人、电话等信息，以便家具使用中发生质量问题能及时联系解决，维护自己的权益。

8 预防新装修房屋的室内中毒，该怎么做？

室内污染指由于室内引入能释放有害物质的污染源或者室内环境通风不佳导致室内空气中有害物质无论数量还是种类上不断增加，引起人的一系列不适应症状的现象。随着生活水平的提高，现在农民朋友在装修房子时越来越追求档次，并大多购买现成的材料、家具，图方便、省事，但由于有很多农民朋友缺乏一些防污染的常识，在装修房子时没有注意预防污染，导致房内有毒物质浓度偏高，危害家庭成员的身体健康。

小故事 不孕的祸根——花岗岩

2010年11月10日下午，安徽省一位农村小伙子愤怒地砸掉自家的杜鹃绿花岗岩。这名小伙子名叫李福奎，2005年与妻子结婚。婚后，两边父母都催促他俩快点生孩子。可是，一晃几年过去了，还是没有动静。婆婆公公不乐意了，老两口天天念叨要抱孙子。小两口子只好到医院检查，最后经医院检查是男方的责任，说他的精子成活率极低，大夫说可能是因为受到过量放射性辐射照射。这就奇怪了，天天在家务农的李福奎到哪去接受强辐射呀！如果是家里土地有辐射的话，他爸怎么会生下他们四个孩子？有一天，李福奎无意间看报纸，报纸上说，装修不当可致人不孕。于是，李福奎上省城请来放射性材料研究的专家，在专家的帮助下，李福奎终于找到了妻子不孕的原因：杀死自己精子的凶手竟是两年前装修厕所的花岗岩。在他新装修的三室六厅的套房里，厅和厕所装的都是叫做杜鹃绿的花岗石，经过对石材的现场检测，杜鹃绿石材远远超过国家规定的居室内石材使用标准，并且放射性元素含量非常不均匀，个别点的放射性水平相当高，有的测点为C类，有的测点在C类以上，在建筑物的外墙面都不能用，长期在这么高的放射性辐射环境中生活，当然会对身体造成伤害。原因找到了，也就出现了文中开头的那一幕。

室内污染究竟能给人造成多大的危害呢？室内污染，主要是甲醛、苯、氨和放射性物质这四种污染物。甲醛是世界上公认的潜在致癌物，能造成免疫功能异常、肝损伤、肺损伤及神经中枢系统受到影响，损伤人的造血功能，引发白血病，目前大芯板、密度板等人造板材及其制造的家具，装修中壁纸、地毯等大量使用粘合剂的材料，油漆和地板等都含有甲醛。苯、甲苯、二甲苯主要来源于胶、漆、涂料和黏合剂中，是强烈的致癌物。人在短时间内吸收高浓度的苯，会出现中枢神经系统麻醉的症状。氨无色却具有强烈的刺激性气味，常附着在皮肤黏膜和眼结膜上，从而产生刺激和炎症，减弱人体对疾病的抵抗力。室内空气氨超标的主要原因，是由于冬季施工混凝土中含有尿素成分的防冻剂。装修中的放射性物质主要是氡。一般说来，建筑材料是室内氡最主要的来源，如花岗岩、瓷砖及石膏等。与其他有毒气体不同的是，氡看不见，嗅不到，即使在氡浓度很高的环境里，人们对它也毫无感觉。然而氡对人体的危害却是终身的，它是导致肺癌的第二大因素。

◎ 要避免装修污染怎么办？

防止新房的空气污染应从头做起，首先在装修时，应尽量选用环保的无毒或少毒材料，尽量请正规的装修公司按环保要求施工，有些农村要找正规的装修公司比较困难，但至少也要保证装修队伍中有相关专业人员。同时在购买材料、家具时，要选择有信誉保证的正规厂家生产的产品。

在材料选择上：天然石材的放射性水平可分为 A、B、C 三类，农民朋友在选择装饰装修石材时应选用 A 类天然石材，不得采用 C 类天然石材；装修中用的木板，现在很多采用大芯板，也叫细木工板，按甲醛释放量可分为 E1、E2、E3 等级，应采用 E1 级的，不得采用 E3 级的，当然最好采用天然木材；内墙的涂料严禁使用聚乙烯醇水玻璃内墙涂料（106 内墙涂料）、聚乙烯醇缩甲醛内墙涂料（107、803 内墙涂料）；有需要粘贴壁纸的，应严禁使用聚乙烯醇缩甲醛胶粘剂（107 胶）；木地板及其他木质材料严禁采用沥青类防腐、防潮处理剂处理，阻燃剂不得含有可挥发氨气成分。

这些对于农民朋友来说理解起来可能有一定的难度，但可以在购买材料时向经销商询问，并要求提供质量保证。

在施工过程中：对装修公司或装修队伍在以下方面要提出要求（如果是自己购买相关的施工用品也要十分注意）：一是房屋装饰装修中所用的稀释剂和溶剂不得使用苯（包括工业苯、石油苯、重质苯，不包括甲苯、二甲苯）；二是严禁使用苯、甲苯、二甲苯和汽油进行大面积除油和清除旧油漆作业；三是涂料、胶粘剂、处理剂、稀释剂等溶剂使用后，应封闭存放，废料要及时清理出房内，不要在屋内用溶剂清洗施工用具；四是进行人造木板拼接时，断面及边缘要进行密封处理。

◎ 装修产生了空气污染怎么办？

现在农民朋友进行新建住房装修，不产生一点污染是不可能的，如何才能使装修材料污染降低到最低呢？下面简单介绍几种办法：

方法一：装修好的房屋不可马上入住，要尽量通风散味，但又不能打开所有门窗通风，因为这样可能会给刚施工完毕的墙顶漆带来不利，使墙顶急速风干，容易出现裂纹，破坏美观。应当适当打开不直接风干墙顶的一面窗户，进行通风；或用面盆或者小水桶之类的盛器打满凉水，然后加入适量食醋放在通风房间，并打开家具门。这样既可适量蒸发水份保护墙顶涂料面，又可吸收消除残留异味。

方法二：有人发现，用水果去除异味有较好的效果，有条件的农民朋友可以考虑。有人试验发现，将破开肚的菠萝蜜放在屋内，几天就可以把异味吸光。也可以放些桔皮、柠檬皮、柚子皮在新房里，对去异味也有一定的效果。

方法三：可以去市场挑选一些高科技的祛味清洁剂，它能去除新装修房、新家具等散发出的有害气体。这些祛味清洁剂利用氨化合物与有害物质发生化学反应，从而起到了祛味清洁的作用。在新装修的房间中，可把这种祛味清洁剂倒入盘中，将盘分别放在每个房间中，再结合擦洗祛味法，连续几天后就可有效去除难闻气味。有条件的也可以购买竹炭、活性炭放在屋内，它们是国际公认的吸毒能手，而且不易造成二次污染，另外还可以采用空气净化机等。

方法四：有选择地给房屋内摆放一些植物，对净化空气也有帮助。农村植物比较多，但不是所有的植物都有较好的去污染的效果。比较容易找到的如樟树，另外还可以去城市的花卉市场买仙人掌、虎皮兰、景天、芦荟和吊兰等，这些都是一直吸收二氧化碳释放氧气的，并且有较好的祛除异味、净化空气的效果。

9 家里出现了白蚁，该怎么做？

有经验的农民都知道，白蚁是一种十分可怕的虫子。农村的房屋多是砖木结构或木结构，而白蚁对砖木结构、木结构的建筑以及木家具的破坏十分严重。由于白蚁隐藏在木头的内部，有时不易发现，往往一发现就已经造成了破坏，所以需要引起农民朋友的高度重视。

小故事 可怕的白蚁

家住越秀县云鹤南村的李英发现房屋一楼的门槛被蚕食了，最初她并没有想到是白蚁在作祟。2010 年 4 月，家里木质门的门槛被啃噬的情况加重，李英找附近的邻居来一看，才知道罪魁祸首是白蚁。没几天，李英家一楼的木门及木质家具均被白蚁啃噬，还有一些白蚁在他屋内乱飞，很吓人。李英一家人紧急行动起来，打的打、踩的踩，每天都要打死很多，还采用一些土办法，如用木块引诱、用水灌蚁穴等，取得了一些效果，杀死的白蚁都可以扫成堆。李英想，消灭了这么多只，应该没有了吧！可是，全家人只松懈了几天，又惊讶地发现，自家木制家具窟窿又大了一些。地上出现了许多木屑。不得已，李英只好请来了自己在县科技局工作的一位亲戚，用专业方法才将白蚁彻底清理干净。

白蚁被称为“无牙老虎”和“现代建筑的隐形杀手”，造成的危害触目惊心。作为一种很古老的昆虫，白蚁有两亿五千万年的历史，主要分布在我国长江中下游流域和华南亚热带地区，生活在温暖潮湿的环境里，通常繁殖于每年的 4 月～ 6 月份。其活动范围在 50 米～ 100 米之间，通常由室外花木草丛里向室内蔓延。白蚁的危害在于其身体会分泌一种蚁酸，这种蚁酸能把木材蛀成碎片，分泌的蚁酸能腐蚀钢筋和混凝土，很容易咬穿水泥地板，并进一步使钢筋混凝土结构疏松而失去其坚固性和整体性，危害房屋的安全。白蚁的危害极大，农民朋友要注意掌握一些防治的知识和方法，以在必要时能减少损失。

如果在家里发现了白蚁，不要急着去杀灭，先要找到白蚁的巢穴，才能将其彻底消灭。一般找白蚁的巢穴，主要是找它的外露特征。白蚁的外露迹象有：排积物，即“白蚁泥”，一般是灰褐色或棕褐色的疏松泥块，是工蚁筑巢时从巢内排出的物质，土木结构和砖木结构的房屋出现白蚁，其排积物一般比较明显，容易找到。发现排积物，轻挑开排积物观察洞穴，如果兵蚁守卫严密，很快又把洞口堵塞了，说明这可能较接近蚁巢或者就是蚁巢。蚁路，蚁路是白蚁觅取食物或联系的通道，通常接近蚁巢处的蚁路密集且较粗，挑开蚁路较粗的一端，工蚁修补蚁路速度快，出现的兵蚁数量多则离蚁巢近，若有大量白蚁慌忙朝一个方向逃去，则此方向一般为蚁巢方向。分飞孔，这是成熟有翅的白蚁分飞时飞出的孔口，分飞孔附近一般都有巢存在，分飞孔位置通常都在巢的上方或同一水平上。空气孔，又称通风孔、透气孔，是白蚁调节气体和温度、湿度的小孔，空气孔只针眼大小，要凑近才能发现，不规则地排列成团状（梅花状）或虚线状，挑开空气孔，会马上有大量兵蚁爬出来守卫，并马上有工蚁把洞口堵上，发现了空气孔就很容易找到蚁巢。找到了白蚁的巢穴，下一步就要采用科学的方法来灭治，一般可以采用药杀法、挖巢法、诱杀法等来治灭白蚁。

药杀法。药杀法是通过喷入白蚁药物，使白蚁的身体粘上白蚁药粉，将其杀死。找到蚁巢后，可以朝蚁路、分飞孔、被害物及蚁巢中喷施药粉，当粘上药粉的白蚁回巢时，其它白蚁发现它身体粘上不干净的东西，一般会用口器等帮助清洁，这时药粉就会传递到其它白蚁，慢慢的导致整巢白蚁都中毒死亡；如果要提高用药的效率，也可以在用药后堵住喷药孔，然后通过敲打的办法造成白蚁混乱，增加其与毒粉的接触机会，达到快速杀灭的效果。

挖巢法。顾名思义，挖巢法就将白蚁巢穴挖出来后捣毁。在找到白蚁巢穴后，可在距巢穴周围 50～100cm 左右的地方开挖，挖出整个巢体后，可用开水、火烧等方法将所有白蚁消灭。如果是冬天，挖巢法的效果更好，挖巢后的残余白蚁在冷空气中会被冻死，以更好地消灭白蚁，当然，为保险起见，挖巢后还可以再施一些白蚁药以彻底消灭白蚁。

诱杀法，在蚁情不清楚又一时找不到白蚁巢穴时，可用诱杀法进行灭治。诱杀法又可以分多种类型，如木块诱杀，将松木块放在白蚁出入的地面诱集，过一段时间白蚁大量集中到木板里蛀蚀时，可轻轻将木板挑起，喷施药水或药粉，然后又轻轻放下木板，慢慢循环将白蚁杀灭。毒饵诱杀，即将白蚁喜欢的食物与白蚁药粉混合后，投放在白蚁活动场所，或放在挑开缺口的蚁路，诱使白蚁搬食毒饵。灯光诱杀，主要是利用灯光引诱白蚁，在引诱灯光下面放一盆清水，盆水能反射灯光，使白蚁扑向水中淹死，这是杀灭长了翅膀的白蚁的行之有效的方法。

⑩做到正确使用家用电器，该怎么做？

随着农村电网的完善，家用电器迅速在农民家庭普及开来，现在可以说家家都有几件或大或小的家用电器。特别近年来国家实行家电下乡的政策，农民家庭购买家用电器的积极性更高了，各式各样的电器越来越多了。那么，要正确使用家用电器，大家该注意些什么呢？

第一，要知道一些家用电器使用的禁忌。彩色电视机最忌磁场干扰：彩色电视机上面及附近不能放置磁性物体，更不要将收录机、音箱及其他带磁性的物体在荧光屏前移动。否则显像管的部件会因磁场影响而被磁化，从而使色彩紊乱。电冰箱最忌倾斜：因为压缩机电机是用 3 根避震弹簧挂在密封的金属容器中的，一倾斜就有脱钩的危险，压缩机内部的润滑油也有可能流入制冷系统，影响制冷效果。因此，在使用冰箱过程中或搬运时，千万不能使冰箱的倾斜角大于 45 度。洗衣机最忌倒入开水：倒入开水容易造成塑料箱体或塑料组件变形，也会造成波轮轴密封不良，形成漏水。在使用洗衣机时，应先加入冷水再加入热水，且水温不宜过高。电饭煲最忌碰撞内胆：碰撞会使内胆底部变形，不能与电热板很好地吻合。另外也忌煮酸、碱食物及用醋、食盐、食碱等带腐蚀性的调味品。否则会腐蚀金属内胆，缩短使用寿命。电热褥最忌折叠：因为电热褥若经常折叠会使电阻丝折断，发生短路或断路。轻者电热褥不发热，重者降低其绝缘性能，甚至会发生触电事故。相机最忌不拆电池：电子照相机、袖珍收录机等最忌不使用时把电池放在机器里面，久而久之电池液泄漏会腐蚀坏机器。

第二，要防止触电。家用电器工作的能源是电。一般来说，只要按照电器的说明书正确操作是不会触电的，但如果电器的质量不好或操作不当就有可能会触电，产生伤亡事故。家用电器带电，通常有三种原因：电器带电部分和外壳之间的绝缘体被击穿或严重损坏，身体碰到壳体有强烈的电击感，往往不能自我控制脱离；电器的绝缘性能不良，这种情况下，身体触及壳体有“麻手”的感觉，但能自我摆脱；电器本身的分布电容和绝缘电阻引起的对地电压，这时身体碰到金属外壳会有轻微的“麻手”感，当手紧压在壳体上时又感觉不到了。农民朋友要看一些电工基础方面的书籍，多掌握一些安全使用家用电器的知识，防止触电。具体要懂得以下基本常识：买电器回来后，要认真阅读说明书，特别是要阅读禁止或避免的事项，电器使用完毕后应拔掉电源插头；认识了解电源总开关，学会在紧急情况下切总电源，不用手或导电物（如铁丝、钉子、别针等金属制品）去接触、探试电源插座内部，不用湿手触摸电器，不用湿布擦拭电器；如果电线的绝缘皮剥落，要及时更换新线或者用绝缘胶布包好；使用中发现电器有冒烟、冒火花、发出焦糊的异味等情况，应立即关掉电源开关，停止使用；操作按钮时要用力适中，不能强拉硬合；电器用品一般来说怕高温和潮湿，所以要避免把电器放在高温（如暖气）和潮湿的环境中；使用中有异响或异味时，要立即切断电源，停止使用；自己不具备电器维修技术的，不要盲目拆卸电器外壳进行检查，要找专业维修人员进行处理；发现有人触电要设法及时切断电源，或者用干燥的木棍等物将触电者与带电的电器分开，不要用手去直接救人。

第三，家用电器的通风口不能堵塞。有些家庭，为了保持电器的干净，将家用电器的通风孔及所有孔隙用布或纸遮得严严实实，甚至在使用时也不完全拿下，这都是错误的甚至是危险的做法。通风口对于电器有很重要的作用，即可以通风，以保持机内的干燥，又可以散热，防止电器元件因温度过高损坏甚至烧毁而引起火灾，还是部分电器件正常运转的必要前提，如电器内的喇叭，就需要在顺畅的空气流中才能发出正常的音质，如果通气口被覆盖，电器内气流不畅，喇叭音质就会失真，效果大打折扣。因此，家用电器的通风口是比较重要的，不能在上面随意放物品或将其遮起来。如果长期不用，可以用布遮挡灰尘，但只要使用就要将布拿开，保持通风口的畅通。

第四，家用电器使用时不能直接拔插头。家用电器正确的方法是关闭电源按钮后再拔插头。可是，很多人采用插拔电源插头的方法来开关电器，这是极不正确的，直接插拔电源插头，有可能导致电源时通时断，强大的电流直接冲击会损坏电器。值得注意的是，电冰箱、空调不能频繁插拔电源插头。电冰箱和空调刚拔下插头又插上时，压缩机就会在制冷剂处于高压状态下启动，由于启动负载过大，一旦电源保护装置失灵就容易烧坏电器，因此在关闭电源后必须要等待五至十分钟才能再插上插头。电器在不使用时，如果只按下电器电源关闭按钮，仍有可能其变压器还在运行，所以，正确的做法是，不用时先关闭电器上的开关，然后再拔下插头，在使用时先插上插头，再打开电器上的开关。

第五，家电不要与煤气用具一起使用。随着人们的生活水平越来越高，农村家庭使用煤气（液化石油气或天然气）的也越来越多。有时，农村家庭主妇为了使用方便，将家电放在做饭烧菜的厨房附近，这样家电长期被液化石油气或天然气与其燃烧产生的废气、烧菜的油烟熏染，会加快内部元器件的氧化，严重时会导致元器件的脱焊、断裂、损坏，油烟堵塞通气口还会导致电器难以散热而损毁。因此，有条件的家庭要将家电与煤气用具隔离开，不要放在同一房内，如果必须放在一起，应该有良好的通风条件，并对煤气阀门、燃气具、电器进行定期检查，不用煤气时应拧紧开关，保证其不泄漏，电器表面与通气口有烟渍、油渍时要按电器说明书上所说的方法擦掉；可以在电器附近放上一定的干燥剂，有利于电器防潮；对于容易起锈的电器，可以通过在表面上漆、打蜡、使用电器防潮防锈润滑剂等办法防止起锈；对于放在厨房的电器尽量选用防锈防潮的电器。

第六，家用电器要经常清洗。电器使用时间长了，表面会落有灰尘，有些内部会产生污垢，很多人都会自己动手清洁电器。下面介绍一些家电正确的清洁方式。

电冰箱。电冰箱几乎是一年四季都要用到的家电，使用率高，为了冰箱更好地工作，应该定期清洗冰箱，至少应每月清洗一次，而三个月左右就可停电清洗一次，清洗时可用肥皂水或 3% 的漂白粉澄清液擦拭冰箱的内壁；也可以用热水先擦拭冰箱内壁及附件，再喷一些对人体无毒的消毒剂或酒精，然后密闭半小时后再打开通风，待干燥后即可使用。据相关专家称，电冰箱门的密封条上的微生物达十几种之多，因此可以用酒精浸过的干布清洗擦拭密封条。当然，如果是非常难去掉的污迹，也可以用刷子擦洗，需要注意的是，不同的表面用不同材质的工具来刷，比如用尼龙绒刷塑料或喷漆表面，而金属或搪瓷表面应该用钢丝来刷，用长柄软鬃毛刷灰尘、绒毛的缝隙。电冰箱背面的冷凝器容易积聚灰尘，影响散热，至少每半年要用掸子或吸尘器清扫一次。电冰箱最令人头疼的就是串味问题，可在冰箱内放置一些橘子皮、柠檬片等，很快就可以除去异味。

洗衣机。多数人买了洗衣机后，基本没有清洗过洗衣机的内桶。洗衣机桶的外套桶夹层里面常常累积了许多污垢，这是比较难清洗的，而长时间不清洗，洗衣机会发出异味，不仅会滋生细菌，还会对使用者的健康造成损害。清洗内桶时，应该调节到高水位，等水加满（不能低于最高水位），然后放入一定量的洗衣剂或清洗洗衣机专用的洗涤剂。然后启动洗衣机，让其空转 5 分钟，这样可以使洗涤剂充分溶解开。5 分钟后切断洗衣机的电源，让洗涤剂在洗衣桶内浸泡三四个小时，这样才能使洗衣机内的污垢脱落。最后还要对洗衣机进行两次漂洗，把洗衣机内的洗涤剂彻底清洗干净。一般来说，新买的洗衣机使用半年后，每隔两三个月就应该清洁消毒一次。

空调。空调在经过长时期的使用或闲置后会滋生大量的细菌。使用过程中，为保证空气清新，应每 15 天清洁一次；闲置后再使用也要进行清洁。选择干燥的晴天，将空调器功能键选在“送风状态”下，运转 3 ～ 4 小时，让空调内部湿气散发干，然后关掉空调器，拔出电源插头。用柔软干布擦净空调器外壳污垢，也可用温水擦洗，千万不要用热水或可燃性油等化学物质擦洗。取出空调器的清洁空气过滤器，用清水冲洗或用吸尘器清洁过滤网，晾干后重新装入空调器内，取出遥控器的电池另置一处，以免电池渗漏液腐蚀内部元件。遥控器必须放在干燥的地方，切勿挤压。清洁室外机时，可用清水冲洗室外机冷凝器表面，待晾干后将机罩盖好，其它部位不可进水。购买的空调在保修卡上都有厂家服务电话，农民朋友自己只能清洗室内机表面和过滤网，内部清洗应由售后人员做。

电视机。电视机使用一段时间后，会有很多的灰尘，需要进行清扫。外表面的清尘一定要在关机状态下进行。不能用鸡毛掸子、丝织品等物清扫，因为这类物品与玻璃制品摩擦后，会使之带上电荷，会将此类物品上的尘埃、丝毛等附着到荧光屏上。尽量用柔软的干净抹布轻轻擦洗或用带一点潮气的抹布，不可用带水的湿布。电视机的内部灰尘，用户不要自己动手处理，为了保护其内部结构，只能让厂家的专业人员上门清理。清洗完后，先静放 30 分钟，然后加电除去潮气。液晶电视机的屏幕如有了污迹，可用沾有少许水的软布轻轻将污迹擦去，不要将水直接洒到显示屏表面，不要对屏幕表面施加压力。

厨房小家电。厨房小家电如消毒柜、微波炉、电饭煲、豆浆机的清洁都比较简单。消毒柜用软布擦拭干净即可，微波炉用柔软的干净湿布轻轻擦洗，抹布也可加一点清洗剂。不可用坚硬材料的布和腐蚀性较强的洗涤剂清洗，否则会破坏加热的材料。需要注意的是，带烧烤功能的微波炉，对加热管不可随意清洗。电饭锅外壳上的一般性污迹，可用洗衣粉的水溶液进行清洗，若有污物堆积在锅底某一处时，可用小刀清除干净，再用软布擦拭干净。

⑪预防家用电器的电磁辐射，该怎么做？

家用电器在给农村家庭带来种种便利的同时，也带来了潜在的健康隐患。其中，家电产生的电磁辐射成为威胁人们健康的最大危机。什么是电磁辐射污染？电视、电冰箱、电脑、手机等工作时，产生的电磁波就是电磁辐射。电磁辐射被世界卫生组织列为继水源、大气、噪声之后的第四大环境污染源。医学研究表明，长期、过量的电磁辐射会对人体免疫系统、神经系统、造血系统、生殖系统造成伤害，其中重要的一条就是促发癌症，并可导致胚胎、胎儿或新生儿死亡，婴儿严重发育不全或畸形等。看不见的电磁辐射，给人体造成的伤害往往是缓慢、隐性的，农民朋友绝不可掉以轻心。

◎ 了解辐射源特点

最常见的辐射源——电视。虽然农村的娱乐方式日新月异，但电视仍然在很多人的生活中占据重要地位。传统的显像管（CRT）电视机辐射较大。这些电视使用电子射枪式进行逐行扫描，产生的辐射存在电视周围，尤其是在电视的1米近距离内危害最大。现在更为先进的液晶电视也已经进入普通农民家庭，液晶电视的辐射要少很多，但并不代表就没有辐射，人近距离长时间看电视也可能影响到身体健康。

最常用的辐射源——手机。手机是现代人必备的通讯工具。由于使用频繁，人们一般都随身携带，其所产生的电磁辐射不容忽视。权威医学杂志的报告显示，使用手提电话有可能造成记忆力受损、睡眠紊乱、头痛、癫痫及血压上升等症状，而儿童受影响的可能性更大。此外，手机挂在胸前，会对心脏和内分泌系统产生一定影响；如果男性将手机经常挂在腰部或腹部旁，电磁波可能会影响使用者的生育机能。

最大体积的辐射源——冰箱。冰箱在工作状态下是高磁场所在地。特别是冰箱在运作过程中，发出嗡嗡声时，辐射强度特别大，冰箱后侧或下方的散热管线释放的磁场更是高出前方几十甚至几百倍。冰箱在工作过程中，释放出来的不同波长和频率的电磁波，会形成一种穿透力极强的电子雾，透过体表深入深层组织和器官，严重影响人的神经系统和生理功能。

最大强度的辐射源——微波炉。微波炉是现代人快节奏生活中常用的理想烹饪工具，但是微波炉的电磁辐射强度也是众多家电产品中最强的，它所产生的电磁辐射是其他家电的几倍。人如果受到过量的微波炉电磁辐射，会产生头昏、睡眠障碍、记忆力减退、心动过缓、血压下降等现象，如果眼睛较长时间受到微波炉工作时所产生的电磁波辐射，视力可能会下降，甚至诱发白内障。此外，低强度微波对胎儿会产生一定的不良影响，高强度微波可致胎儿畸形、流产或死胎等严重后果。

最易忽视的辐射源——“床头电器”。床铺大概要算是测量家中电磁场的重头戏。如果长期睡在高磁场的地方，可以想象这影响有多大。原则上任何的电器用品都应该远离床铺。有人总抱怨睡眠质量不好，其实很可能就是床铺附近放置了电暖器、电风扇、录音机等电器作怪。

最易接触的辐射源——电脑。电脑普及率越来越高，也逐渐走入了寻常农家，成为农民朋友学习生活休闲娱乐的好帮手。电脑产生的电磁辐射对人体的影响不容忽视，特别如果是传统的 CRT 显示器，会产生严重的电磁辐射，现在液晶显示器已经成为市场的主流，其辐射强度要弱很多。电脑主机、键盘等虽然也存在不同程度的辐射，但多是由工作电路引起，辐射强度相对轻很多。普通人群如果长期受电脑电磁波辐射，可导致眼睛疲劳、视力减退、头痛和食欲不振等，并易对皮肤造成伤害，产生脸部色斑，色素沉着，鱼尾纹、眼袋和黑眼圈等。电磁辐射对胎儿有相当程度的不良影响，所以孕妇是最容易受电脑电磁辐射影响的。

特别要值得大家注意的是，磁场的穿透性很强，千万不要忽视了相邻房间或楼上楼下的影响。比如，你经常坐在椅子上，你头后面是墙，而隔壁房间的电视的尾部刚好对着你的头，那你就会受到较强的电磁辐射。电磁辐射对人的影响虽普遍存在，却并不可怕。不同的人或同一人在不同年龄段对电磁辐射的承受能力是不一样的，即使在超标环境下，也不意味着所有人都会得病，但对老人、儿童、孕妇或有心脏病的病人，对电磁辐射敏感人群及长期在超剂量电磁辐射环境中工作的人来说，应采取防患措施。

◎ 避免家电辐射的方法

平时我们所接触的电器多少都会有一定的辐射，时代的发展让我们离不开它们，所以我们只有想办法将对身体有危害的辐射减少到最低。下面整理总结了六点防止辐射的方法：一是保持距离，别让电器扎堆，尽量远离电磁辐射源，一般距离 1.5 米以上就基本安全了。不要把家用电器摆放得过于集中或经常一起使用，特别是电视、电脑、电冰箱不宜集中摆放在卧室里，以免使自己暴露在超剂量辐射的危险中。二是用水吸电磁波。室内要保持良好的工作环境，如舒适的温度、清洁的空气等。因为水是吸收电磁波的最好介质，可在电器的周边多放几瓶水。不过，必须是塑料瓶和玻璃瓶的才行，绝对不能用金属杯盛水。三是注意关闭电源。不使用的电器，一定要记得关上电源，通电的电器照样能产生大量的电磁辐射。四是补充营养，食疗抗辐射。多吃一些富含维生素 A、维生素 C 和蛋白质的食物，特别要多吃海带，有效加强抵抗电磁辐射的能力。还可多饮茶水，茶叶中的茶多酚等活性物质有利于吸收与抵抗放射性物质。五是注意家用电器的清洁。家用电器使用一段时间后会蒙上灰尘，灰尘是电磁辐射的重要载体，如果家电不是经常擦拭，那么，即使它们关掉了，电磁辐射仍然留在灰尘里，继续对人的健康产生危害。因此，电器最好经常擦拭，清除灰尘的同时，也就把滞留在里面的电磁辐射一并清除掉了，可以有效地防止辐射对健康的危害。六是减少一些电器的使用时间和做好卫生工作。如不要长时间连续操作电脑，操作电脑后，要及时用清水洗脸，这样将使所受辐射减轻 70% 以上。人和电视的距离应保持在 1 米以外，可以荧光屏对角线尺寸为标准，不超过 6 倍就是安全距离，平时看电视要平视，不要关灯看电视，每次连续看电视的时间不宜超过两个小时。

⑫靠近公路的房屋，面对灰尘污染问题，该怎么做？

公路边的房子，有利有弊。有利的一点就是出入方便，甚至有时开个小店，卖点百货或吸引过路司机住宿吃饭什么的，可以创收。但缺点是灰尘多，特别是小孩吸着灰尘长大，健康安全也成问题。

小故事 李幸福的烦恼

“每天飘飞的大量灰尘，给我们的生活也蒙上一层灰色”，家住高速公路旁的李幸福妻子说到。李幸福家原来面临一大片田地，空气清新，环境优美。后来，修了高速公路，大片麦田变成了直直的水泥地；每天来来往往的车辆不消停。起初，李幸福一家觉得新鲜，心里美滋滋的。可是后来，他们发现不对劲了。家里原来在妻子的收拾下，每天都干干净净的。可现在，妻子刚擦完桌子，桌子上就一层灰。吃饭的时候，家里人老觉着有一股一股的灰尘飘来，严重影响了他们的生活。时间一长，李幸福父母都患上了肺病。这下，一家人开始着急了，多次找到村委会、乡政府想办法，可大家都不知道怎么办。后来，还是在乡政府的帮助下和有关专家的指导下，李幸福家通过绿化环境、建了一些防尘设施才顺利地解决了这个问题。

◎ 灰尘是种有害物质

灰尘是干燥成粉末的土或其他物质被化为微细部分的悬浮颗粒物。灰尘颗粒的直径一般在百分之一毫米到几百分之一毫米之间，人的肉眼是看不见的。人的肉眼能看见的是灰尘中的庞然大物。灰尘是指粒径小于 20 目（0.92 毫米），分散于各处不同区域的表面固体颗粒物，由街道灰尘、区域灰尘、大气灰尘组成。一般来说，灰尘环境污染是可以预防、可以改善、可以治理的。

◎ 灰尘影响有点大

灰尘携带着细菌和病毒，会随着呼吸进入肺泡，造成人体免疫系统的负担。据有关资料显示，我国共约有 2500 万肺病患者，每年由此造成的死亡可达 100 万人，致残人数达 500 万至 1000 万人，而医学证实空气中的灰尘、纤维、粉尘等污染物是造成肺炎、支气管炎、慢性肺阻塞和肺癌的主要原因。因此，灰尘对身体的影响首当其冲的是对肺的危害。肺，是人体中惟一与外界直接沟通的内脏，是联系人体与自然的纽带。没有呼吸也就没有生命，从这个意义上讲，肺在人体中的重要性，是不可置疑的。如今，我们的肺最易受到侵害，因为环境污染问题越来越严重，灰尘正悄悄侵蚀着绝大多数人的健康。特别是 PM2.5（指空气动力学直径小于或等于 2.5 微米的大气颗粒物）——这种粒径小于微米的细颗粒物，更容易长时间悬浮在空中，由于它粒径小，吸入几率变得更大，它可抵达肺的深部，深入下呼吸道，甚至穿透肺泡膜，对人体健康造成巨大伤害。这些粒径几微米的颗粒物有 90% 沉积于呼吸道、肺泡和小肠上，其携带的重金属物质，通过肺泡、小肠吸收作用进入人体循环血液系统，造成血液中毒；未被溶解的颗粒物有可能被细胞所吸收造成细胞破坏，侵入肺组织或淋巴结可引起尘肺，导致慢阻肺。

◎ 避免灰尘污染有办法

若农民家的房子离公路比较近，就一定要注意采取措施来避免灰尘的污染。

第一，在房子和公路之间的土地上种植植物。植物对建筑室内环境的影响非常大，绿色植物是天然的空气净化器，植物的叶片对灰尘有很好的吸附作用，叶片越粗糙，表面的绒毛越多，对灰尘的吸附能力就越强，许多植物还具有很好的杀菌、杀虫和吸收有害气体的功能，它可以改善室内环境与气候。因此在房子与公路之间种上一些如樟树、桂花等树冠大而浓密、叶面多毛或粗糙的绿色植物是非常有必要的。

第二，装上防尘设施。比如可以在房子周围建上围墙。将自己房屋的门窗上装上纱门纱窗，纱门纱窗的网格较细，不仅可以防蚊虫，也可以有效地阻挡灰尘特别是大颗粒的灰尘，尽量安装网络密一些的纱门纱窗。窗户尽量安装玻璃窗户，窗台上也可以养一些芦荟、吊兰、仙人球等用来防尘。门窗的缝隙要尽量堵上。

第三，养成良好的生活习惯。灰尘无孔不入，养成良好的生活习惯有助于减少灰尘的污染。比如，经常打扫卫生，把东西都归好类，放整齐，以便于打扫；进屋换鞋、换衣，不把外面的灰尘带进屋；夏天可以在房间里洒点水，如果是木地板就在房间里放盆水，让空气保持湿润，飞尘就不会到处乱扬了；有条件的家庭可以购买吸尘器，吸尘器可以适用于任何材质的地面和几乎所有有尘埃的角落，真正起到消除室内尘埃、细菌的作用；在公路车辆多的时段尽量关闭门窗。家庭成员平时多吃一些木耳、胡萝卜、梨等食物，有助于减少灰尘的危害。

⑬ 靠近公路的房屋面对噪音、尾气污染问题，该怎么做？

噪声是发声体做无规则振动时发出的声音，声音由物体振动引起，以波的形式在一定的介质（如固体、液体、气体）中进行传播。通常所说的噪声污染是指人为造成的。从生理学观点来看，凡是干扰人们休息、学习和工作的声音，即不需要的声音，统称为噪声。当噪声对人及周围环境造成不良影响时，就形成噪声污染。房子离公路近，车来车往，容易形成噪声污染。噪声会引起一系列的危害。首先是听力障碍等感觉，离开噪声环境到安静的场所休息一段时间，听力就会逐渐恢复正常。这种现象叫做暂时性听阈偏移，又称听觉疲劳。实验表明，当人受到突然而至的噪声一次干扰，就要丧失 4 秒钟的思想集中。其次，在高噪声中工作和生活的人们，一般健康水平逐年下降，对疾病的抵抗力减弱，诱发一些疾病。再次，噪声对正常生活和工作的干扰。据统计，噪声会使劳动生产率降低 10% ～ 50%，随着噪声的增加，差错率上升。噪声会分散人的注意力，导致反应迟钝，容易疲劳，工作效率下降，差错率上升。噪声对人的睡眠影响极大，人即使在睡眠中，听觉也要承受噪声的刺激。噪声会导致多梦、易惊醒、睡眠质量下降等。

汽车尾气污染物主要有一氧化碳、碳氢化合物、氮氧化合物等有害气体和铅。汽车尾气中一氧化碳、碳氢化合物、氮氧化合物等有害气体是构成大气污染的主要原因，例如在美国，汽车排放的一氧化碳占美国一氧化碳排放总量的 66%，碳氢化合物占 48%，氮氧化合物占 40%。这些化合物除了它们本身对人类和动植物有害之外，更严重的是它们在阳光紫外线的作用下，发生光化学反应，形成二次污染——光化学烟雾。这种光化物含有光化学氧化剂、醛类以及过氧乙酰硝酸酯等十几种有机化合物，光化学烟雾呈淡蓝色，使环境可见度下降，影响视程，对人的眼结膜、鼻粘膜和呼吸道粘膜均有刺激作用，使人头痛呕吐，并腐蚀建筑物，损害农作物和植物。

那么如何避免噪声、汽车尾气的危害呢？

第一，利用绿化来降低或削弱噪声的影响，是一项经济、易行的有效措施。植物本身具有较强的吸声能力，一般以叶面粗糙、面积大、树冠茂密的植物为强，可以在房子的前庭、阳台、露台上多种上一些植物，既防尘又防噪声和尾气污染，可谓一举多得。

第二，隔声和吸声。隔声就是将声源隔离，防止声源产生的噪声向室内传播。在房子与公路之间种树，就可以起到隔声作用。同时，新建的房屋可以在建筑物中将多层密实材料用多孔材料分隔而做成夹层结构，也会起到很好的隔声效果。有条件的也可以在旧房屋里加装一层隔声材料。常用的隔声材料主要是多孔吸声材料，如玻璃棉、矿棉、膨胀珍珠岩、穿孔吸声板等。材料的吸声性能决定于它的粗糙性、柔性、多孔性等因素。

第三，向政府提出隔音墙要求。隔音墙也称为声屏障，指的是为减轻行车噪声对附近居民的影响而设置在公路侧旁的墙式构造物。农民朋友们如果觉得住房噪声太大，可向当地的政府部门反映情况，请求当地政府在公路边建隔音墙。

14 安全使用燃煤、煤气，该怎么做？

家庭中煤气中毒主要指一氧化碳中毒、液化石油气、管道煤气、天然气中毒，前者多见于冬天用煤炉取暖，门窗紧闭，排烟不良时，后者常见于液化灶具漏泄或煤气管道漏泄等。煤气中毒时病人最初感觉为头痛、头昏、恶心、呕吐、软弱无力，当他意识到中毒时，常挣扎下床开门、开窗，但一般仅有少数人能打开门，大部分病人迅速发生抽筋、昏迷，两颊、前胸皮肤及口唇呈樱桃红色，如救治不及时，可能很快因呼吸抑制而死亡。

小故事 要命的洗澡

2010 年 11 月初，寒潮初来时，家住平顶乡西阳村的王小倩打工从外回家。回到家，一家人非常高兴。特别是妈妈，从她进门起，就一直和她唠嗑。晚上，尽管很冷很累了，但她还是想洗个澡再睡。于是，用煤气热水器冲澡。由于怕冷，她将浴室门窗全关上，但没想到洗澡时排气扇发生了故障。过了许久，她妈妈奇怪她在浴室里久久不出来，在浴室外面喊她也没有声音。打开门一看，女儿倒在地上。妈妈赶紧给她披上被子，将其送往附近的医院救治。由于发现及时，经过医院的积极抢救，才转危"为安。

煤气中毒原因多。现实生活中导致煤气中毒的原因很多,归纳起来大体有：生活用煤不装烟筒，或是装了烟筒但却堵塞、漏气，使室内一氧化碳浓度增高，导致煤气中毒；室内用炭火锅涮肉、烧烤用餐，而门窗紧闭通风不良，容易造成一氧化碳停留时间过长而引起煤气中毒；火灾现场会产生大量一氧化碳，现场人员吸入过多引起中毒；冬天在门窗紧闭的小车内连续发动汽车，产生大量含一氧化碳的废气引起中毒；煤气热水器安装使用不当，废气排不出去引起中毒；自制土暖气取暖，虽与煤炉分室而居，但发生泄漏、倒风引起煤气中毒。

煤气中毒重在预防。必须合理地使用煤炉。在安装炉具（含土暖气）时，按照标准要求，农民朋友在选用以型煤作为燃料的民用燃煤取暖炉应注意选购炉具产品应附有耐久性标签和如下中文内容：产品名称；生产厂厂名、厂址；规格型号；执行标准编号；在炉体显著位置标明如下警示语：小心煤气中毒，应定期清理烟道和烟囱内的烟垢，定期检查炉体各部位连接处的密封性，在雨、雪等恶劣天气或封火后应注意通风；要有“产品安装使用说明书”。使用要求：要检查烟道是否畅通，有无堵塞物；烟囱的出风口要安装弯头，出口不能朝北，以防因大风造成煤气倒灌；烟囱接口处要顺茬儿接牢（粗口朝下、细口朝上），严防漏气；屋内必须安装风斗，要经常检查风斗、烟道是否堵塞，做到及时清理；每天晚上睡觉前要检查炉火是否封好、炉盖是否盖严、风门是否打开。换煤或封火后应加强室内通风，烧完的煤禁止存放在室内，民用燃煤取暖炉使用30天应清理烟道和烟囱内的烟垢；与燃煤取暖炉配套使用的烟囱不应破损，并且在使用中应经常检查烟囱是否有损坏；定期检查炉盘与炉体、炉底盘与炉体连接处以及烟道是否密封良好。

炉具室内安装要求及图示（见图1）：

必备设施：炉具、烟囱、弯头、三通或四通、风斗。

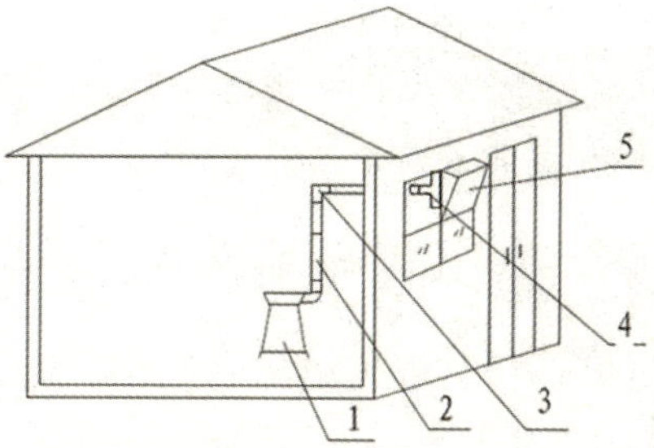

图1：取暖炉安装系统示意图

（1、炉具；2、烟囱；3、弯头；4、三通或四通；5、风斗）

烟囱连接：烟囱应顺茬连接。

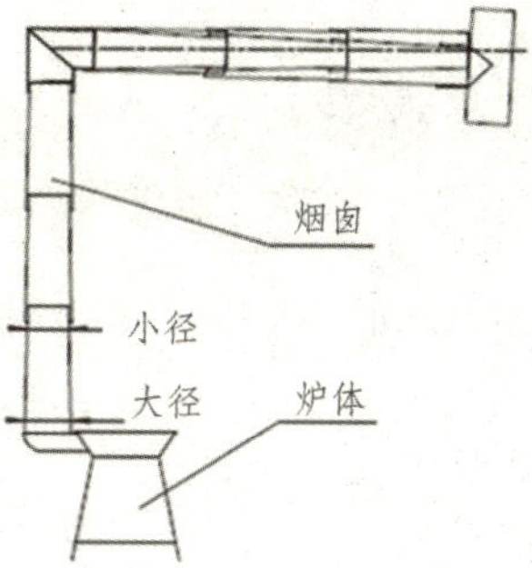

图2：烟囱安装示意图

密封要求：各连接部位应紧密牢固，各节烟囱接缝处应用密封材料密封。烟道缝隙应用耐火材料密封，不应有漏烟现象。

整体安装要求：各部件连接后，应保证烟气顺畅排出；烟囱安装时，烟囱的出口应安装三通或立体四通。水平方向烟囱的垂直高度由室内逐渐向室外方向降低，坡度为烟囱长度的1%，水平长度不超过2.5m（见图2）风斗的尺寸见图 3，在安装过程中不应小于该尺寸。

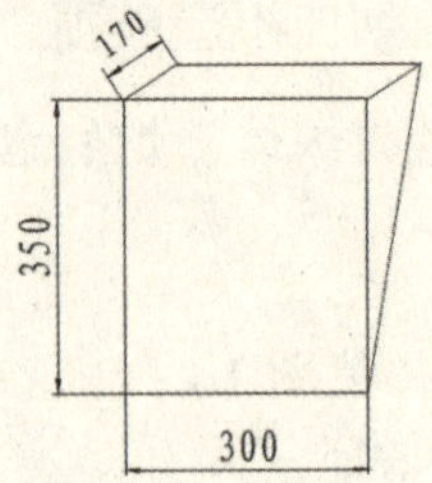

图 3 风斗示意图

注：本图标注尺寸适用于 12m² 房间使用，如不在此范围内，可根据房间大小调整风斗尺寸。

要正确使用煤气具。一要防止煤气管道和煤气灶具漏气。睡觉前应检查煤气开关是否关好，厨房是否有煤气漏出特有的臭味。如有可疑，可将肥皂水涂抹在怀疑漏气的地方，如有漏气，被检查处就会冒肥皂泡。千万不要用点火的办法来检查漏气，因为，当空气中煤气的含量达 5% ～ 40% 时，遇明火就会发生爆炸。二要防止煤气点燃后被浇灭，而导致大量泄气。在煮饭、烧水、煨汤、熬药等时候，应有人看管，切不可在点燃煤气后离开厨房，去做其他事情。三要正确使用煤气热水器。现在农民家庭使用煤气热水器的越来越多，若使用不当，也会引起中毒。要求热水器必须安装在通风良好的环境中，严禁安装在浴室内。一人洗澡，要有他人照看，防止热水器火焰熄灭，造成漏气。四是保持室内空气流通。煤气燃烧生成的二氧化碳，虽然没有一氧化碳那种毒性，但空气中二氧化碳含量达 10% 时，能使人不省人事，呼吸停止甚至死亡。所以不管使用哪种煤气具，保持室内空气流通是非常重要的。

煤气中毒需急救。应尽快让患者离开中毒环境，转移至户外开阔通风处，并立即打开门窗，流通空气；在保证中毒环境空气流通前，禁止使用易产生明火、电火花的设备，如电灯、电话、手机、电视、燃气灶、手电筒、蜡烛等，防止一氧化碳浓度过高遇明火发生爆炸。松解患者衣扣，保持呼吸道通畅，清除口鼻分泌物，保证患者有自主呼吸，充分给以氧气吸入。患者应安静休息，避免活动后加重心、肺负担及增加氧的消耗量。神志不清的中毒患者必须尽快抬出中毒环境，在最短的时间内，检查其呼吸、脉搏、血压情况，根据这些情况进行紧急处理。若呼吸心跳停止，应立即进行人工呼吸和心脏按压。病情稳定后，尽快将患者护送到医院进一步检查治疗。争取尽早进行高压氧舱治疗，减少后遗症。即使是轻度、中度中毒，也应进行高压氧舱治疗。

15 房屋出现潮湿现象，该怎么做？

房子潮湿，很容易对人的健康产生危害。潮湿环境下细菌多，而且容易引发皮肤病，长期更是导致风湿病、关节炎等症状。在低温时，潮湿加强了空气对热的传导作用，使体热大量散失，故在低温潮湿的情况下，机体更易受寒冷的损害，易发生风湿病和支气管炎。此外，潮湿环境对结核病、肾脏病、风湿性关节炎、慢性腰腿痛等病患者都有不良的影响。所以，如果农民朋友家的房子出现潮湿现象，要引起高度重视。

小故事 潮湿的房子“潮湿”的心

一个普通的农家，花了半辈子的积蓄建了新房，本以为改善了住房条件。谁知，半年后，发现房子潮湿严重，从此烦心事不断。农民林大海的家是一套西式结构的房子，室内装饰一新，家具布置整齐。但走进一看，飘窗窗台的木板已泛黑，个别地方凸起，飘窗内侧离窗台约二三十厘米的地方，弥漫着一些小黑点，极为扎眼。一楼的土地板也出现发霉黑渍现象。林大海妻子说，房子的地势比较低，加上修建时有缺陷，夏天雷雨天气时开始发现墙壁有点渗水，现在不仅房子易潮湿，房子里面的物品也经常出现潮湿的现象。更为烦恼的是五十多岁的林大海现在还经常在下雨的天气出现关节痛。幸好，在外打工的儿子回家发现这一情况后，赶紧请了装修专业人员来家里“诊断”，装修师傅告诉林大海，要想减轻潮湿必须重新进行装修，特别要堵漏和加装防潮的材料。这不，林大海一家在装修师傅的指导下又忙开了。

那么要如何防潮呢？

出现潮湿要对症下药。如果家里出现了潮湿现象，一定要找到原因，是什么造成的潮湿？气候？防水未处理好？管道漏水？墙面渗水？具体情况要具体处理。像漏水、渗水等情况，只要及时处理，进行相应的封堵就可以了。一般来说，农村一楼的房屋比较潮湿，有条件的可以考虑加装一层预制板将下面架空，上面再铺上一层防潮薄，再铺上地板就可以较好地预防地面潮湿现象。

防潮有三招。间歇通风：梅雨季节的下雨天气，把朝南或东南方向的门窗关闭，以减少水汽进入室内，以降低房间的湿气。中午，外面的空气湿度处在最高值，不宜开窗，应在下午或傍晚，气候相对干燥的时候，开窗调节室内空气。下午四点左右就要把窗户关闭，以防止湿气的进入。石灰、红砖吸潮：阴雨天可用布料或麻袋裹装生石灰后放置于室内各处，使室内空气保持干燥。也可用红砖若干块，放在火炉旁边烧烤后，均匀摆放在地面上，吸去部分水分。空调抽湿：如果家里有空调的话，防潮比前两个方法都要简单。空调一般带除湿功能，开机后，会自动除湿，当然这个功能限制在机体的除湿。容易潮湿的季节，隔几天打开空调做一次除湿，对空调有好处，对房间也有好处。

◎ 分类防潮有办法

防潮湿，可以从各种重要物品做起。

衣物防潮。使用干燥剂、积极晾晒。一是衣物必须要彻底晾晒后才可以入柜贮存。穿过的衣服别马上收起来，要把它先放置起来，等汗水、雨水除去以后再收进橱柜或箱子；衣服洗完后要晾干，也可用电风扇、电吹风等吹干衣物再收起来；也可将洗好的衣物从箱中取出，挂在通风干燥的地方，有条件的用电熨斗熨一下，以减少衣物上的水分；在梅雨季节应尽可能少开贮物箱的门，以免吸湿性较强的棉、麻、丝、毛等织物霉变；衣物挂起来要保持一定的间隔，以保证良好的通风。另外，在存放衣物时，可在箱内放一些樟脑丸和樟脑精块。同时，丝绸、毛皮、呢料等各种衣物最好分别存放。二是使用防潮剂。市场上有防潮剂可买，防潮剂最好吊挂于衣物上方约 10 厘米处，这样有效原料才可以充足挥发，达到不错效果；棉毛衫裤和高档服装不宜装在塑料袋中存放，以免衣物中的湿气聚集，导致霉变；裘皮类衣物必须得要安置在干燥的地儿，放上好的樟脑丸，上面不能压其他物品；全毛羊绒类要避免阳光直射。三是有霉味要及时清除。将衣服放在加有少量醋和牛奶的水中再洗一遍，便能除去霉味。衣柜如有霉味，最好空着，敞开着，里面可以放一些带香味的果皮，比如桔子皮。衣柜的霉，可用醋和牛奶制的液体用抹布将其擦拭。发霉衣物经过处理后，等天气晴朗时将衣物拿到室外晾晒。一般毛料织物、裘皮服装可在太阳下晒干，毛皮衣服还需将毛朝外晒三四个小时，待阴凉后抖掉灰尘。丝绸服装不宜曝晒，应在阴凉处吹干，以免织物老化。

家具防潮。室内家具如何保持干爽舒适是一大难题，特别是相对家中各种不一样材质的家具。金属、皮质、实木这类材质的家具特别需要有针对性地进行护理。皮质家具，过分潮湿能使皮革快速老化，家中有皮质家具的，最好在除尘后，在其表面抹上养护专用的貂油、绵羊油、皮革油等，这样不仅可以软化皮质，也可以防潮防霉。金属家具要常用湿布和柔和的清洁剂擦洗，尽量别在潮湿环境中使用，并小心防水防潮，如碰上潮湿天气最好用干燥的抹布进行清洁。实木家具在出厂前多经过了严格的干燥处理程序，可这并不意味着可以不进行防潮。对付木家具上的水珠，可以用干布进行擦拭，木材遇湿容易膨胀发霉，这种情况不妨在有霉味的地儿放块香皂，或将晒干的茶叶渣装入纱布袋放入家具中，有助清理霉味。藤艺家具防潮相对容易，藤家具的好处就在于它受潮干燥后，能恢复原来的形状和尺寸。因此当藤家具受潮时，只要不让其编织形状及其间隙变形就行了。

家电防潮。家电怕潮的最主要原因是因潮湿使细菌滋生和产生漏电现象。那么具体如何去处理呢？首先应尽量将大的家电摆放在通风的位置。洗衣机最好移出浴室，放在垫高的位置上，有利于保持干爽。此外，天气潮湿时，让家电进入待机状态也是正确的做法，这是因为在待机过程中，机器内部的变压器等处于工作状态的零件能散发必需的热量，有助于驱散机体内的潮气。但出于节约能源的考虑，家电因防潮所需而处于待机状态的时间不应太长，最好在一小时以内，而且必须避开用电高峰期。部分家电如电视机，外壳上有许多小孔，时间长了，灰尘微粒便能通过这些小孔进入到电器内部。天气潮湿，凝水能与灰尘凝结在一块儿，以至家电出现断路、漏电等问题。对此，可使用电吹风对着家电外壳的小孔上下左右地吹一下，将电器内部的灰尘和潮气驱散出来。当然，市场上的防潮遮罩、干燥剂等防潮用品也是不错的选择，必要时可以选用。对一些大电器，出现问题时必须要让行业的维修人士上门养护及清理内部灰尘，别自己动手，以防漏电发生危险。

食物防潮。干燥、低温和通风是对付食物霉变的三大法宝。用干石灰吸潮的“保守办法”是预防香菇、木耳、花生、红枣和其他食物霉变最经济实惠的办法，还有非常多定型包装食物中都有干燥剂、抗氧化剂、杀菌防霉剂等“小袋袋”，也能派上大用场。像米、面粉等食物一定要存放在通风处；香肠、火腿以及肉类腌制食品在天气湿热时易长霉菌，导致致癌性的黄曲霉素，可以用棉签蘸上少许菜油，均匀地涂在其表面，接着将其挂在通风好的地方预防霉变；大米中放入少许海带，可杀死害虫抑制霉菌，使大米不发生霉变。

药品防潮。家庭保存的西药中，糖衣片、冲剂、胶囊、泡腾片容易受潮变质。家庭存药可以用保鲜袋充当铝塑袋用来防潮，有的药品也可以用加盖玻璃瓶或密封的塑料盒贮存。若是过于潮湿的环境或较易吸湿的药物，可选用干燥剂保存。对中药材而言，如果环境温度和湿度较高，中药材非常容易变质。中药材防潮的办法有多种，如药材量较多，可集中存放在密封箱；如量较少且药材较通常，可存放在冰箱内；若是较贵重的药材，可先用密封袋封装或防潮纸包裹，放入米缸底部。通常情况下，药材能做好防潮工作，就根本上不能发霉。可在雨季，还应减少药材的移动次数，取出药材后应立即封存好，尽可能减少药材附近的空气流动。

纸质收藏品防潮。到了梅雨节气，纸质类物品也易生霉。如果是家里收藏有邮票，应选个有太阳曝晒的下午，将邮票册竖立于近日照的阴处，将各页翻开晾晒，但不可让太阳直接照晒，预防纸质干燥变脆。如果是书籍，防蛀与防潮需要同时进行的，通常可采用专用的柜子来储存，尽量少开柜门；樟木柜有天然防虫功能，用来储存书籍也非常好。切忌用塑料纸、塑料箱保管书籍，塑料自身有腐蚀做用，长期接触书籍，能使纸张变软破裂。

16 房屋墙壁发霉了，该怎么做?

小故事 家里白墙变“花脸”

几场暴雨过后，许多人家的墙壁都不同程度地出现了发霉掉皮的情况。“家里的墙壁都快成大花脸了！”胡灵最近比较烦。他住在广东越秀镇的一栋老房子里，家里湿气很重，玻璃上经常有水滴，但他没想到一夜之间墙就发霉了：原来墙上装修的涂料已经开始褪色，几乎有半面墙发霉，变成了灰绿色。胡灵说，家里饱受“霉运”困扰的住户不在少数，就连不少新房子也是一样。“装修不到 3 年，墙壁就开始长毛了。”同住在一村的李英很头疼，今年的潮湿天气让客厅白墙变了副模样。“霉斑从墙角一直蔓延到整个墙面，擦了还是继续长，扩散得特别快。”有些墙壁发霉很严重，除了大片大片的黑斑、黄霉斑，还有一股扑面而来的霉味。这一情况给村民们的生活带来了众多烦恼，墙面不好看不说，家里很多物品都有霉斑现象，新鲜食品更是放不了一天就坏掉了，还有两家人因为不小心吃了长霉的食物中毒被送到了医院，一时间人心惶惶。幸好，这一情况及时反映到了村委会和镇政府，镇政府专门从市里请来了专家组，专家组不仅到情况严重的村民家里现场支招，还在村里举办了一场培训，教大家怎么防霉，梅雨季节怎么保障饮食健康，这才让村民们安了心。

霉菌危害颇大，可携带流感等病毒，免疫力低的人还可能因此引起头疼、发烧、皮肤发炎。为何“墙壁发霉”？在排除墙壁漏水的情况下，最主要的原因就是室内湿度过大所致。南方特有的梅雨季节（俗称“回南天”）气温基本在20度左右，相对湿度往往很大，而且持续时间较长，为霉菌的肆虐提供了良好的成长条件。哪些墙壁容易发霉呢？有些墙体保温没做好的房子，容易出现墙体透寒导致滋生霉菌。因为室内空气温暖，水蒸气饱和度高，而墙体因保温没做好就会冰冷，水蒸气就会在墙体上结晶成水滴，墙体潮湿了就会发霉长毛。有时墙体可能保温没问题，但窗户也同样会出现透寒结水的现象，流到墙上也会造成发霉长毛，道理都是一样的。还有一些墙面在装修中不刷底漆，少了一道抗碱防霉的功效，在极端的潮湿天气中自然很“脆弱”，经不起考验。

◎ 想要清除并不难

面对难看又顽固的霉斑，怎样才能彻底铲除呢？墙壁发霉，也不必着急，除霉方法很多。有人以为，只要用抹布把霉菌抹去或者把墙壁重新粉刷一遍就可以解决。但这样做只能临时起消除或覆盖作用，过一段时间霉菌会再次显现，并且越来越严重。必须弄清楚霉的原因，是墙面的霉还是墙体内渗透出来的霉，鉴别方法是，通过分析霉点附近环境，并结合刮除霉点的情况来观察。如果是前者，就必须看看是墙壁保温没做好还是墙体防水没做好。保温层问题大多为老房子，只要在外墙做一层保温砂浆即可。而墙壁经常发霉，多数可能是防水层没做好，需重做一道防水层。如果是墙面问题，要是霉点不严重、可刮除的话，等墙体干燥后（包括基层全干燥），刮除霉点附近浅表小块墙面，重新批腻子刷乳胶漆即可。如果霉点很深颜色很重，就要根据实际情况加大铲除的面积和深度，这样才能彻底解决。

◎ 不想发霉重在防

对于正在装修的房子来说，科学施工、合理防患是杜绝墙壁发霉的关键。特别在雨季，一定要等墙体干透再装修，避免将湿气封闭在墙体当中，埋下日后隐患。这是越来越多的新房过快出现霉菌的一大原因。现在大多数楼房的墙体采用填充墙，墙与梁柱结合处易产生裂缝，这是保温、防水的薄弱处，要重点防患。至于那些老旧房子翻新，装修时最好选择那些带有防霉功能的涂料，如多乐士的家丽安防潮净味墙面漆、立邦的安墙宝、除霉专家护理漆等，这类涂料除了添加有环保高效的防霉剂，同时致密的漆膜还具有“呼吸性”，既可阻挡住表面的水分，又能让墙体内的水分蒸发出来。

PART

节能减排处处受益

太阳能、沼气、机械汽油……农村能源种类繁多，节能减排涉及的领域更多，面临技术上的困难也很多。本篇从农民实际出发，阐述了农村节能减排的诸多方面，具有很强的可操作性，引导农民增强节能减排意识，提高节能减排水平。

⑰科学利用太阳能，该怎么做？

太阳能是地球表面一切能源的源泉。人类所需能量的绝大部分能源都直接或间接地来自太阳。各种植物通过光合作用把太阳能转变成化学能在植物体内贮存下来，而煤炭、石油、天然气等化石燃料是由古代埋在地下的动植物经过漫长的地质年代形成的，因而实质上是由古代生物固定下来的太阳能。此外，水能、风能等也都是由太阳能转换来的。在现有科技条件下，利用非生物的手段充分利用太阳能，对于当前我国的低碳节能环保事业有重大促进意义。太阳能具有高效、清洁、成本低等优点，农民朋友利用太阳能，必将有效地提高生产生活的质量。因此，农民朋友可以因地制宜，根据当地的日照指数和气候类型采用一些太阳能技术或选用一些太阳能设备。

小故事 光明村的光明路

湖南的光明村，是远近闻名的新农村建设示范村，其不仅在产业发展、社会管理等方面有独到之处，更让人们赞叹的是该村注重绿色发展和生态保护，充分利用太阳能，走“两型”农村建设之路。一位国内有名气的作家连续两次参观了光明村，感叹不已，他在给朋友的信中介绍：“当我第一次走近它的时候，内心仿佛被某种东西给击中了，层叠的山峦云雾缠绕，白鹭在荷塘流连，不远处是青瓦白墙、朱门木窗的院落。仿佛是陶渊明笔下的桃花源，只是多出一条新修的柏油马路——光明路。路边竖立许多配有电线的路灯，大约每隔 20 米就有一根高耸的灯杆，顶端挂着美观而又怪异的灯具。有人告诉我，这是太阳能路灯，白天晒着太阳，夜晚就能发出亮光，把路面照得通亮。一到夜里，光明村的汽车开进光明路时，完全不用打开灯就能回家……第二次来光明村，我特地选在夜晚，与朋友驾车从省城出发，45 分钟就到了光明村里的光明路，果然名不虚传，荷塘月色之间，光明路上两边的路灯，恰似两条“银蛇”舞亮了蜿蜒的村路。路边不远处的蔬菜地里，隐约一片彩色寰星，好不惊奇，下车走进观看，发现大量的飞虫扑向那些彩灯，葬身灯影之下。哦！原来是太阳能杀虫灯……光明村、光明路，像是老朋友，却给人耳目一新……”

到故事中的光明村去看看，你就会知道利用太阳能的好处！随着太阳能利用技术的日益成熟，广大农民朋友都可以根据自己的情况利用起太阳能来。

农民朋友不妨看看下面的利用技术，懂得五种太阳能利用方式：

第一种是太阳能灶。太阳能灶是利用太阳能辐射，通过聚光获取热量，进行炊事烹饪食物的一种装置。它不烧任何燃料；没有任何污染；正常使用时加热速度比蜂窝煤炉还要快；和煤气灶不相上下。目前世界上太阳灶的利用相当广泛，技术也比较成熟，它不仅可以节约煤炭、电力、天然气，而且十分干净，十分环保，是一个可望得到大力推广的太阳能利用装置。不过在使用太阳能灶的时候要注意设备保养和人员安全。一要爱护灶面。注意保护镀铝膜表面清洁，延长反光材料寿命。灶面如积有灰尘、水滴、泥、草等，应用柔软东西或棉布轻擦表面，绝不能用硬物或带有腐蚀性的化学品擦洗，以免反光材料起反应而受侵害。灶面的锅圈、支架负荷不要超过 10 公斤。二要避免人为损坏。还要防止人为撕揭灶面反光材料或用石子等物打碰镜片。如遇刮风时，应将灶面背风放置，必要时底座加压重物，加固支撑装置，以防灶架（体）被风刮倾斜、翻倒、损坏。每次用完灶后，必须将灶面背向太阳（雨面）。离家时，要将灶固定，放在安全处。三要安置好灶体。保持灶架灵活使用，既能水平操作，又可垂直调整，旋转平稳。特别是要防止暴雨、冰雹打破反光面和雨水进入镜片缝隙缩短镜片寿命。下雨天，应用塑料膜或棚布遮盖灶体。严禁小孩用硬物对灶壳碰撞，以免损坏灶体。

第二种是太阳能发电系统。太阳能发电系统由太阳能电池组、太阳能控制器、蓄电池（组）组成。如输出电源为交流 220V 或 110V，还需要配置逆变器。有一种家庭用小型太阳能电站，其部件包括：一是太阳能电池板。太阳能电池板是太阳能发电系统中的核心部分，也是太阳能发电系统中价值最高的部分。其作用是将太阳的辐射能力转换为电能，或送往蓄电池中存储起来，或推动负载工作。二是太阳能控制器。太阳能控制器的作用是控制整个系统的工作状态，并对蓄电池起到过充电保护、过放电保护的作用。在温差较大的地方，合格的控制器还应具备温度补偿的功能。其他附加功能如光控开关、时控开关都应当是控制器的可选项。三是蓄电池。一般为铅酸电池，小微型系统中，也可用镍氢电池、镍镉电池或锂电池。其作用是在有光照时将太阳能电池板所发出的电能储存起来，到需要的时候再释放出来。四是逆变器。太阳能直接输出的一般都是 12VDC（直流电压）、24VDC、48VDC。为能向 220VAC（交流电压）的电器提供电能，需要将太阳能发电系统所发出的直流电能转换成交流电能，因此需要使用 DC-AC 逆变器。现在家用的太阳能发电系统在市场上有买，感兴趣的农民朋友不妨试试。

第三种是太阳能热水器。太阳能热水器把太阳光能转化为热能，将水从低温度加热到高温度，以满足人们在生活、生产中的热水使用。各种太阳能热水器一般是由集热器、储水箱及相关附件组成，把太阳能转换成热能主要依靠集热管。集热器受阳光照射面温度高，集热管背阳面温度低，而管内水便产生温差反应，利用热水上浮冷水下沉的原理，使水产生微循环而达到所需热水。现在太阳能热水器在市场上已经比较普遍，可以买得到。

第四种是太阳能取暖系统。太阳能采暖系统是指以太阳能作为采暖系统的热源，利用太阳能集热器将太阳能转换成热能，供给建筑物冬季采暖和全年其他用热的系统。太阳能采暖可分为主动式和被动式两种方式。被动式太阳能采暖通过建筑的朝向和周围环境的合理布置，内部空间和外部形体的巧妙处理，以及建筑材料和结构构造的恰当选择，使建筑物在冬季能充分收集、存储和分配太阳辐射热。主动式太阳能采暖系统主要由太阳能集热系统、蓄热系统、末端供热采暖系统、自动控制系统和其他能源辅助加热、换热设备集合构成，相比于被动式太阳能采暖，其供热工况更加稳定，但同时，投资费用也增大，系统更加复杂。有条件的农户，在建新房的时候，可以考虑应用太阳能取暖系统。特别是太阳能采暖和地板采暖相结合能够达到最节能的采暖效果。

第五种是太阳能杀虫灯。太阳能杀虫灯是发展前景很好的太阳能利用方式，可部分解决农药污染问题。市场呼唤绿色食品，而绿色安全无污染的蔬菜和水果必须出自最佳自然生态环境，太阳能杀虫灯就是创造这种环境的好设备。太阳能杀虫灯的种类从原理上分三种：电击式、水杀式、撞击式。例如电击式，它利用太阳能电池板将太阳光直接转换成电能，提供能源给设备的日常使用，然后利用昆虫天生具有的趋光性、趋波性、趋色性的生理构造，辅以特定的光源和波长，夜晚害虫们被杀虫灯的特制灯光及波长所吸引，便会奋不顾身地扑过来，而在光源的外围有一层高达三千至五千伏的高压电网，害虫们便会在飞往灯光的过程中触电身亡，从而达到良好的杀虫效果。

18 科学利用沼气能源，该怎么做？

沼气，顾名思义就是沼泽里的气体。人们经常看到，在沼泽地、污水沟或粪池里，有气泡冒出来，如果我们划着火柴，可把它点燃，这就是自然界天然生成的沼气。在一定温度、湿度、酸碱度和厌氧条件下，畜禽粪便中的有机物质经各种微生物发酵及分解作用而产生的沼气，是一种以甲烷为主要成分的混合可燃气体。所以，沼气也是生物能的一种，在农村地区广泛利用沼气，可以起到节约燃料、消灭病虫害，增加肥效，降低污染排放的综合效果。用作沼气发酵原料的有机物种类繁多，如禽畜粪便、作物秸秆、食品加工废物和废水，以及酒精废料等。

◎ 沼气池里有“三宝”

沼气池里的“三宝”，叫做“气、渣、液”。气，就是甲烷为主的沼气。

沼气燃烧可以煮饭、照明、取暖、发电。渣，就是沼气渣，可以用作基肥。液，就是沼气液。可以用作叶面肥、杀虫剂。

沼气渣作基肥，赛过化肥。沼气渣中不仅含有大量的氮、磷、钾等速效养分，还含有丰富的有机质和腐殖质，并能明显地改良土壤结构和理化性质、增强地力肥力，是速效迟效兼备的优良肥料。沼气液中含有水溶性的氮、磷、钾等速效营养成分。沼气渣宜作基肥，沼气液宜作追肥。

沼气液作叶面施肥真绝。沼气液富含多种作物所需的营养物质，因而极宜作根外施肥，其效果比化肥好，作物生长季节均能进行，可调节作物生长代谢，补充营养，促进生长平衡，增强光合作用能力，尤其适用于果树，有利于其花芽分化，保花保果，果实增重快，光泽变好，成熟一致，商品果率高。一般在农作物的生长季节，上午露水干后至11时前或傍晚进行喷施。中午高温及暴雨前不要喷施，每隔7～10天喷一次。施用浓度应根据沼气液浓度、施用作物及季节、气温而定。总的原则是：幼苗、嫩叶期，一份沼气液加2～3份清水，夏季高温1份沼气液加一份清水，气温较低、又是老叶（苗）时，可不加清水。以叶背面喷施为主，有利于吸收。沼气液应从正常产气一月以上的沼气池中抽出，澄清后用纱布过滤好，以防堵塞喷雾器。

沼气液浸种、治虫真好。一是沼气液浸种既抗病又省钱。腐熟的沼气液含有植物生长所需的多种营养和各种微量元素及一些活性物质。用于处理种子具有催芽和刺激生长的作用。具体做法是：浸种时一般将种子用编织袋吊在水压间浸泡或容器中浸泡24小时左右，然后取出用清水冲净，晾干后即可播种。沼气液必须在沼气池用1个月以上，长期未用的沼气液不能用作浸种。用沼气液浸种要求选用纯度和发芽率高的新种，不能用陈种。二是沼气液喷叶杀蚜虫。沼气液本身经过厌氧发酵后杀死了有害病菌，含有吲哚乙酸、杀霉素和较高含量的氨和铵盐，这些物质可抑制大多数病菌的繁殖。因此，通过喷药或灌根对蚜虫、红蜘蛛有较好的防治作用，对小麦根腐病菌、水稻纹枯病菌、棉花炭疽病菌、白菜腐烂病菌有强抑制作用。

我国北方在推广塑料大棚、沼气池、禽畜舍“三位一体”沼气生态农业基地,中部省区示范了以沼气为纽带的生态果园,南方也有“养殖—沼气植”、“猪—沼—鱼”和“草—牛—沼”等成功经验。倘若全国各地普遍建立沼气发酵综合利用生态农业模式，使农村沼气和农业生态紧密结合起来，必将成为改善农村环境卫生的有效措施，发展绿色种植业、养殖业的有效途径，成为农村经济新的增长点。

◎ 沼气生产好掌握

要正常地产生沼气，必须为微生物创造良好的条件，使它能生存、繁殖。首先，要修建沼气池，将沼气池密闭。有机物质发酵成沼气，是多种厌氧菌活动的结果，因此要造成一个厌氧菌活动的缺氧环境。在建造沼气池时要注意隔绝空气，不透气、不渗水。其次，要选择好投料的时间，然后准备好配比合适的发酵原料，入池后原料搅拌要均匀，水封盖板要密封严密。一般沼气池投料后第二天，便可观察到气压表上升，表明沼气池已有气体产生。最初，要将产生的气体放掉（直至气压表降至零），待气压表再次上升时，在灶具上点火，如果能点燃，表明沼气池已经正常启动。如果还不能点燃，照上述方法再重试一次，还不行，则要检查沼气的料液是否酸化或其它原因。经检查沼气池的密封性能符合要求即可投料。沼气池投料时，应先按要求根据发酵液浓度计算出水量，向池内注入定量的清水，将准备的原料先倒一半，搅拌均匀，再倒一半接种物与原料混合均匀，照此方法，将原料和菌种在池内充分搅拌均匀，净沼气池密封。农村沼气发酵的适宜温度为 15℃～25℃。因而，在投料时宜选取气温较高的时候进行，北方宜在 3 月份准备原料，4 月～5 月份投料，等到 7 月～8 月份温度升高后，有利于沼气发酵的完全进行，充分利用原料；南方除 5 月份可以投料外，下年宜在 9 月份准备原料，10 月份投料，超过 11 月份，沼气池的启动缓慢，同时，使沼气发酵的周期延长。具体某一天什么时间投料，则宜选择中午进行投料。

制备沼气发酵接种物。农村沼气发酵接种物一般采用老沼气池的发酵液添加一定数量的人畜粪便。比如，要制备500公斤发酵接种物，一般添加200公斤的沼气发酵液和300公斤的人畜粪便混合，堆沤在不渗水的坑里并用塑料薄膜密闭封口，一周后即可作为接种物。如果没有沼气发酵液，可以用农村较为肥沃的阴沟污泥250公斤，添加250公斤人畜粪便堆沤一周左右即可；如果没有污泥，可直接用人畜粪便500公斤进行密闭堆沤，10天后便可作沼气发酵接种物。

沼气发酵投料。农村沼气发酵种类根据原料和进料方式，常采用以秸秆为主的一次性投料和以禽畜粪便为主的连续进料两种发酵方式：现以后一种方式举例说明。一般的家庭宜修建6立方米水压式沼气池，发酵有效容积约5立方米。由于不同种类畜禽粪便的干物质含量不同，现以猪粪为例计算如何配制沼气发酵原料。猪粪的干物质含量为18%左右,南方发酵浓度宜为6%左右，则需要猪粪1200公斤，制备的接种物500公斤（视接种物干物质含量与猪粪一样），添加清水3300公斤；北方发酵浓度宜在8%左右，则需猪粪约1700公斤左右，制备的接种物500公斤，添加清水2800公斤，在发酵过程中由于沼气池与猪圈、厕所修在一起，可自行补料。

◎ 沼气利用有新招

沼气发电技术。沼气燃烧发电是随着大型沼气池建设和沼气综合利用的不断发展而出现的一项沼气利用技术，它将厌氧发酵处理产生的沼气用于发动机上,并装有综合发电装置,以产生电能和热能。沼气发电具有创效、节能、安全和环保等特点，是一种分布广泛且价廉的分布式能源。但国内沼气发电研究和应用市场都还处于不完善阶段，特别是适用于我国广大农村地区小型沼气发电技术研究更少，我国农村偏远地区还有许多地方严重缺电，如牧区、海岛、偏僻山区等高压输电较为困难，而这些地区却有着丰富的生物质原料。如能因地制宜地发展小沼电站，则可取长补短就地供电。

沼气燃料电池技术。燃料电池是一种将储存在燃料和氧化剂中的化学能，直接转化为电能的装置。当外部源源不断地向燃料电池供给燃料和氧化剂时，它可以连续发电。燃料电池将是未来一段时期内最有竞争力的高效、清洁的发电方式，它将在洁净煤燃料电站、电动汽车、移动电源、不间断电源、潜艇及空间电源等方面，有着广泛的应用前景和巨大的潜在市场。沼气燃料电池是最新出现的一种清洁、高效、低噪音的电装置，与沼气发电机发电相比，不仅出电效率和能量利用率高，而且振动和噪音小，排出的氮氧化物和硫化物浓度低，因此是很有发展前途的沼气利用工艺，将沼气用于燃料电池发电，是有效利用沼气资源的一条重要途径。燃料电池的出现与发展，将会给便携式电子设备带来一场深刻的革命，并且还会波及到汽车业、住宅以及社会各方面的集中供电系统。

水果的沼气保鲜技术（以柑橘为例）。沼气作为一种环境气体调节剂用于水果的保鲜，以柑橘为例，可降低柑橘的呼吸强度，推迟后熟期，保持鲜果风味，保鲜和贮藏期较长。具体做法：一是预储。选择晴天、露水干后，用果剪采果，尽量不碰伤果子，放入干燥、阴凉、通风的储藏室进行预储 2 天左右。二是储藏装置。沼气储藏柑橘的装置采用膜罩式、储藏室式、箱式。三是柑橘的储蓄。入库前对储藏空间及四壁进行消毒。每立方米储藏空间用 2–6 升福尔马林加入等量水熏蒸或每平方米面积用 30 毫升喷洒，消毒 2 天后放入柑橘。四是储蓄过程中的管理。包括控制沼气用量，一般每立方米储藏空间每天输入 0.01 立方～0.03 立方米沼气，15 天换气一次，沼气的输入量因品种、环境条件不同有所改变，各地因地制宜确定输入量和输入间隔期。翻果。入库一周翻果一次，取出损伤或变质的果子，以后每半个月左右结合换气翻果一次。温度、湿度控制。储藏温度一般求 4 ～ 15℃，湿度控制在 90% ～ 98%，当湿度不够时从加水孔处向储藏室添加水分。周围消毒。每 20 天左右用 2% 的石灰水对储藏室外地、外墙进行消毒。出果。出果之前通风 3 ～ 5 天，防止出库后“见风烂”。防止火灾、爆炸等事故。沼气是一种可燃气体，遇火会发生爆炸事件，严禁在储藏室内吸烟或明火。

小锦囊 沼气灶八项注意

第一，用户使用前仔细阅读说明书，各类动作严格按照说明书操作；

第二，使用时保持室内通风，风门随压力变化而调整（压力高风门调大，压力低风门调小）；

第三，每周彻底清理一次火盖内及火孔污物，不要把粘有污物的锅放在灶上使用（先清洁锅底）；

第四，应经常用肥皂水检查输气管及灶具各接头是否漏气，方法是把毛刷或棉布浸在肥皂水里，再涂抹要检查的部位，如不断地冒气泡，应立即关闭所有阀门开关，打开门窗让沼气自然排出室外；

第五，灶具安放位置的周围，不宜摆放可燃物，管路不宜过长，特别是脱硫器不能安装在灶上方；

第六，输配气系统中产品安装顺序从沼气池出口依次为开关、凝水器、沼气净化调控器（脱硫、压力表）、三通、开关、沼气灶和沼气饭煲、沼气灯；

第七，脱硫器中的脱硫剂在使用6个月后，必须将脱硫器内的脱硫剂取出，并放在通风避光处晾4～6小时，再将脱硫剂重新装入脱硫器中，拧紧瓶盖，并检查是否漏气，正常情况下脱硫剂可重复使用3次（每次6个月），3次后应将净脱硫剂全部更换；

第八，如是使用一段时间后，发现脉冲点火沼气灶点不着火，应该及时更换电池。

⑲尽可能节约使用农业机械燃油，该怎么做？

人要吃饭，车要加油。随着农业机械化的快速发展及世界能源的日益紧张，农业机械所使用的柴油以及其他油类的价格也在不断上涨，农业机械作业成本一路攀升，导致农民朋友在田间作业和农业运输中要为燃油消耗支付更多的费用。有些地方尚不富裕的农民已经不肯轻易使用拖拉机等农机，在农业生产上走了回头路。因此，如何降低油耗、节省作业成本就不可避免地成为广大农民朋友的迫切愿望。无论从经济的角度，还是从生态的角度，降低农业机械油耗都是十分必要的。现在，国家号召走“资源节约、环境友好”的农业发展新路子，农民朋友应当响应号召，采取一些措施挖掘农机潜力，节约农机燃油，降低农业生产和运输成本。

小故事 节油标兵李大哥的“秘籍”

在嘉禾县的大礼堂里，李大哥身披大红花，走上主席台，接过了县领导颁发的“农机节油标兵”证书，笑得嘴都合不拢，台下响起一片掌声。大家如果不是亲眼所见，根本就不会相信面前这个放在人堆里就找不到的憨厚农民大哥是“农机节油标兵”。原来，李大哥曾经入伍当过汽车兵，对机械比较熟悉。退伍回乡首先就接手了乡里一辆公用的小卡车，那辆车前后不少人开过，但是后来不知道为什么耗油量很高，因此，谁都不想开了，队里的人有事也不愿借用。李大哥接手后，首先花了两天时间把所有的故障都排除了，零部件该换的换，该保养的保养，上路之后果然顺手多了。日积月累，李大哥就成了车辆维护能手。后来回家做了农机专业户。等到村民的生活条件好些了，很多人家里都买了自己的农业运输车辆，田间耕作也使用了更多的机械设备。大家都喜欢向李大哥“取经”，怎么挑选农业机械，平时怎么保养，特别是在使用的过程中要注意些什么。关于驾驶农机，李大哥还总结了几句口诀：“低温启动先预热，时刻注意冷却水，不急不躁中速行，合理滑行少制动。”这可是宝贵经验，一般人不知道的。在李大哥的影响下，他们村的整体农机耗油量都下降了很多。这次县里评比，李大哥凭着多年来的口碑顺理成章地获得了“节油标兵”称号。

◎ **农机节油，需要四管齐下**

节油就是创造利润。对于农村地区的广大农机购置户来说，若要达到节约农业机械用油的目的，还需多管齐下：具体而言就要仔细挑选合适的机型，平时要勤快点保养，驾驶的过程中小心一些，好好操作，积累经验，就能少用点油，少花点钱。一般来说要注意以下四点：

第一，选择合适的农业机械类型。合格农机一般是经过国家、省农机行业主管部门鉴定，综合性能比较好的。农民朋友们买农机首先要选择合格农机，然后要综合考虑那些动力性能良好、能耗低、作业性能稳定、状况适应性好、结构及设计合理、机器调整维修方便、机械配件市场充足、具有良好的售后服务的农机类型，确保购买的农机高效低耗，降低使用成本。

第二，经常检修农业机械。农业机械在使用一段时间后，因各部件的磨损程度而导致机器功率下降、油耗上升，因此要及时检修并排除故障，以确保农业机械的正常使用。要做到经常检查和调整气门之间的间隙，间隙过大或过小都会增加油耗；检查冷却水箱，冷却水量不足时要及时添加清洁的水，但最好不添加含矿物质高的泉水，冷却水烧干过热时应待发动机降温后再加入水，如果冷却水容易烧干就要察看水箱、水泵、水管等处是否有漏水现象，并清除散热器外表杂物；检查轮胎气压，轮胎气压偏低则会引起机械轮胎滚动时的阻力增加而增加油耗，并有可能造成爆胎等事故，因此要经常检查，发现轮胎偏瘪、偏磨等异常就要尽快找专业人员修理；检查冒烟，农机在工作中出现持续异常冒黑烟、蓝烟、白烟等，均属于不正常的工作现象，冒黑烟表明柴油燃烧不完全，冒蓝烟表明烧机油，冒淡白烟可能是水参与燃烧引起的，冒浓白烟表明柴油未经燃烧就排出，正常的排气烟色应为无色或淡灰色；检查油门，如果在慢加速时发动机不是均匀上升，有迟钝及发抖的感觉，说明油门不畅；另外还要经常注意发动机的工作温度，查看是否漏油、各仪表指示是否正常等情况，最大限度地保障农业机械的效率。

第三，学会保养农业机械。为农用机械做好保养工作，不仅是为了安全使用,还可以减少油耗,提高农业机械的经济效益。一是定期清洗燃油滤清器。对于农业机械柴油机中的空气滤清器、柴油滤清器以及机油滤清器等，每行驶到一定程度时就要求对相关的配件进行清洗、更换，如果工作环境的温度高、灰尘多，保养周期就要相应缩短，否则，空气滤清器和柴油滤清器发生堵塞都会增加油耗。二是及时补充机油。农业机械在使用一段时间后，机油可能会减少，使各部位轴承摩擦增大，油耗增加，所以要经常检查，当机油不足时要添加同牌号的机油，如果机油低于机械标示的下刻度线时，禁止启动发动机。添加机油也不能过多，太多也会增大动行阻力，影响发动机正常效率的发挥。三是对于新购买的农业机械，必须根据说明书进行空车磨合试运转，磨合运转时要注意控制速度，尽可能减少过急加速和过急减速、高速运行等情况的发生。

第四，驾驶方法正确。驾驶员驾驶技术水平的高低对燃油的消耗有着很大的影响。下面有几个驾驶小诀窍：低温启动的情况下要预热发动机，当气温为 13 摄氏度时，如果不预热启动发动机，经过 15 分钟，发动机温度才升到 80 摄氏度；如果将发动机预热到 40 摄氏度再启动，10 分钟发动机温度就可以升到 80 摄氏度，消耗燃油为前者的五分之三。保持中速行驶，中速行驶是最省油的方式，在发动机转速达到适宜行驶时，要及时挂入相应档位，尽量保持高档位低转速行驶，有利于省油。合理滑行，利用机械的惯性力与地形相结合驾驶是省油方法的一种。在坡度小于 5% 的宽直坡道上和丘陵起伏地段采用滑行的办法可以节油，但是必须注意确保安全，在农机状况不佳、弯多、路滑、视线不清、陡坡等情况下不能滑行。行驶中，在保证安全的前提下，尽量不用或少用制动可以降低油耗。

20 节约农地灌溉用水，该怎么做?

水是生命之源，据统计，在过去的半个多世纪里，中国的农田灌溉面积从1500万公顷发展到了2007年的5660万公顷，每年在占全国耕地面积46%的灌溉面积上生产的粮食占全国总量75%，生产的经济作物占90%以上。但是中国水资源人均占有量少，分布不均匀。在正常情况下，全国年缺水总量为300亿～400亿立方米，每年有1亿～3亿亩农田受旱。目前，中国农业灌溉用水有效利用率远远不及发达国家。随着工业、城市用水量的迅速增加，农业用水量的比重将相对削减。目前北方地区的水资源已呈现短缺。因此，农民朋友要有节约意识，积极利用农业灌溉用水节水技术，既为自己节约成本，也为国家节约资源。

小故事 滴水灌溉再现“村民和谐”

在外读书工作多年，这次父亲写信要王能有空一定回家，说是叔叔盖好了新房，这个春节会为堂弟操办婚事。接到信，王能觉得有些奇怪，老家在北方农村，王能家和叔叔家原来也还和睦，但是后来打了一架，就不太来往了。记得是2003年老天爷不给力，降雨量不行，地下水也开采过度，农忙时节，滴水贵如油。王能家和叔叔家的田地是相邻的，水沿着田边的沟渠会先经过叔叔的田再到王能家的田。用水紧张的时候，队上只在傍晚放水两小时，水流过叔叔的田后就所剩无几，看着干枯的禾苗，王能父亲去和叔叔商量，想给自家留点水，不料被叔叔一口回绝。父亲没想到平时相处得很好的兄弟关键时刻这么狠心，一气之下扛起锄头把田边的沟给挖开了，就这样，两家起了冲突，几年都不说话。

“这几年老家那边用水还是很紧张，怎么两家会和好呢？”带着疑虑王能回到了家乡。到了家，还没坐稳，父亲就高兴地拉着王能去看家里的责任田，站在田边一看，怎么以前常见的引水渠不见了。父亲得意地告诉王能，现在可是科学种田了，用不着引水渠啦。原来县里引进了滴灌技术，在村里做试点。先把土地都平整了一遍，介绍大家种植一些果蔬花卉等经济作物，从信用社拿到优惠贷款安装了滴灌系统，正好堂弟读了高中回来在村里做技术员,负责日常维护。滴灌系统推广才一年,大家就尝到了甜头，一是经济作物比种粮食收入高，二是用水量大大减少，水通过滴灌系统直接浇到植物的根部，既不会蒸发也不会浪费，大家根本不需要为了水发生矛盾，三是节约了劳动力，降低了劳动强度。这个技术推广以后，用水矛盾解决了，堂弟对系统维护也非常负责，慢慢地，两家又开始走动了。科学用水促成全家和睦，喝了堂弟这杯喜酒，王能的心里有说不出的高兴。

节约灌溉用水的总体目标是在一定的产量或效益的前提下使用最少的灌溉用水，或者在一定的灌溉用水前提下争取最大的产量或效益。要想达到很好的节约用水的效果，农民朋友不但可以采取一些具体的方法，而且要配合政府的节水政策、科研部门的节水技术成果。

第一，要善于利用农业科研部门的研究成果。目前农业科研部门的研究成果集中在以下几个环节：一是研究缺水量与作物减产率之间的关系。作物缺水发生在不同的发育阶段及缺水量的多少，对作物减产的影响是不同的。研究缺水量与减产率的关系可以作为探求经济用水的依据，使其减少灌溉次数和用水量，同时又达到一定的产量水平，在总体上得到较高的灌溉经济效益。二是研究利用天然降雨和地下水，减少灌溉用水量。如研究在田间拦蓄地面径流和土壤保墒措施，增加利用降雨径流量；研究改种深根作物，增加对地下水和深层土壤水的利用量，从而达到减少灌溉用水量的目的。三是研究改种耐旱力强的作物新品种，减少作物需水量。四是针对耗水大户水稻种植研究水稻旱种技术，减少稻田渗漏量等。以上几个环节的节水技术，当前都有较好的成效，但还需要农村配合推广。如果有农业科研部门到农村来试验推广，那就是一个非常好的机遇，农民朋友一定要做好配合工作，认真学习，争取早日懂得最前沿的节水技术。

第二，要因地制宜找准工艺。农民朋友可以根据自身的经济实力、技术水平与当地气候水文特征采取以下比较成熟的节水工艺技术：一是点灌、滴灌、喷灌：点灌比较适用于经济作物嫁接初期；滴灌是将水一滴一滴的均匀而又缓慢的滴入植物根系附件土壤中的灌溉形式，流量小，可以最大限度减少蒸发损失；喷灌是由管道将水送到位于田地总的喷头中喷出，有高压和低压的区别，也可分为固定式和移动式，缺点是由于蒸发也会损失很多水，且不容易均匀地灌溉整个灌溉面积。二是储水水窖：水窖是一种地下埋藏式储水工程，用于蓄积雨水的容器，在极度缺水的地区水窖是家庭里的必需品。以前的水窖如果没有足够的资金对内部进行混凝土硬化，很快会出现渗漏。现代化的水窖通常会对内壁和底层进行硬化，涂满混凝土，防止渗漏，通过自然沉淀和投放消毒剂的方法来净化雨水。通常两三年洗一次就够了，还可以在水窖上安装小型水泵，用水很方便。三是中水回灌：轻度污染的生活污水回用于农业灌溉在世界各国已屡见不鲜，例如日本在乡镇有许多小型污水处理厂，利用处理过的生活污水灌溉经济且实用，捷克不少城镇的居民采用机械处理和生化曝气池相结合的方法处理污水，然后再用于灌溉，既可以节约用水，又充分利用了废水中的肥料，也降低了农业生产成本。尤其是缺水地区，污水已成为主要的灌溉资源，通过降低污水处理的级别，还可以充分保留污水中的养料，减少肥料的费用。

第三，掌握用水小窍门。修好输水渠：修好输水渠道，减少渗漏，确保畅通，一般可节约用水 20% ～ 30%，如果采用圆筒型塑料输水袋作渠，水的利用率可达 95% 以上。整地作小畦：短畦、窄畦水流快，省时间，用水少。合理运筹：对水源丰富、宽垄窄畦、地面平整的地块，可采取两水夹浇的方法；对地势一头高一头低的地块，可采取修筑高渠的方法，把水先送到地势高的一头，然后让水顺着地势往低处流；在水源比较缺乏的地方，实行穴浇、点播（适用于点播和插秧的作物），一般可节约用水 80% ～ 90%。巧改田畦口：长 50 米左右的畦，当水浇到 70% ～ 80% 时，就可改浇另一畦，不仅可防止畦尾积水和流失，还可节约用水 20% 左右。

21 科学使用农肥，该怎么做？

耕地是农业的基础，肥料是作物的粮食。农业“八字宪法”“土、肥、水、种、密、保、管、工”中，“土、肥、水”三个字占据重要地位。近年来，由于多项国家惠农政策的实行，农民种田积极性大幅提高，肥料投入逐年加大。但是我国粮食产出和化肥投入产出比呈现逐步下降势态，施肥效果递减的问题十分突出。同时化肥滥用带来了一系列的环境问题。对于农民朋友来说，当前化肥价格持续高涨，有些地方尿素、磷酸二铵、复合肥、钾肥等品种的价格同比涨幅达到了 20% 左右，许多农户叫苦不迭。怎样提高化肥的利用率，节约肥料，进而达到降低生产成本、保护环境的目标，是摆在农民朋友面前的一个重要问题。

◎ 掌握传统＋现代的节肥技巧

庄稼一枝花，全靠肥当家。中国使用有机肥料的历史很长，而化肥直到 20 世纪 30 年代才出现在中国。当下，农民施用化肥盲目性较大，不懂技术，也缺乏基层技术人员指导，肥料利用率低，施肥效益下降，还带来了一定的农业面源污染。作为一个传统的农业大国，既保留传统农业种植的长处，又从现代化肥工艺发展中受益，才是农民朋友最实用的节约思路。

第一，要科学用肥，合理施肥。一是有机肥料和化学肥料要配合使用，有机肥的优点在于可以改良土壤，养分完全，供肥时间长，而化肥则养分含量高，肥效快，如果能够实现有机肥与化肥、氮肥与磷钾肥、中微量元素等肥料适量配比、配合可以取长补短，增加肥料的效果。如果你能合理搭配施肥，就可以使粮食作物增产 20% ～ 30%，蔬菜和经济作物可增产 30% ～ 50%，还可以有效改善作物内在和外在品质，大大提高肥料吸收利用率，减少肥料的浪费。二是平衡施肥，主要是在农作物种植之前，种植的时候以及生产期内，根据作物的不同需要，施加不同的肥料。例如说作物播种前施加的肥料，目的是为作物整个生长期内提供良好的营养条件，那么以有机肥料为主，有利于满足作物中后期对磷钾养分的需要。作物播种时，肥料用量不宜太大，应施用于种子附近，供应苗期的营养。而作物生长期内施加的肥料，主要是为了解决作物需肥和土壤供肥之间的矛盾，一般应该在作物旺盛生长期内进行，此时肥效最好。具体情况也要根据具体情况灵活掌握，不能强求一致。

第二，要善用有机肥。一是利用秸秆。秸秆是我国最重要的有机资源，根据自身情况，可以用秸秆自制肥料来节约成本。例如可利用玉米秸秆，将已经收割完毕的玉米秸秆集中成堆，施加适量的“腐秆剂”和尿素，然后用薄膜覆盖起来，堆至 20 天后就可以运到田间作肥料。该方法在具体的使用中要注意保持堆沤物的湿度和密封。二是积造优质农家肥。冬季要使堆肥较快地腐熟，提高质量要注意以下几点：选择离粪源较近，背风向阳和运输方便的地方。粪堆形状最好是圆形，粪堆高度一般在 1.5 米以上，否则不易保温。堆肥时要将堆制的各种农家肥打碎混合、拌匀。要增加热性肥料的比例，减少水和土的用量，以提高粪堆温度，加快发酵。在确定好粪堆底面后，先铺一层黄粪或各种乱草，再逐层堆放混合均匀的各种农家肥，一直达到要求的高度为止。注意加大粪堆，冬季寒冷，加大粪堆后，热量散发慢，有利于发酵。采取封泥保温，可在粪堆周围用玉米叶或乱草覆盖，使之形成一个 30 ～ 50 厘米的保温层，外围再铺上旧稻草秆，然后抹泥封闭。加快冻粪发酵，在粪堆中刨一个坑，坑内堆放草，然后点火发烟，慢慢熏。另外，为防止寒潮侵袭，粪堆上应盖一层薄土或乱草。有条件的还应覆盖旧塑料布。

第三，学会使用控释肥。控释肥是一种新型的肥料，简单地说，就是用半透或不透的薄膜将颗粒状的肥料包住，用薄膜的目的在于可以使施入土壤中的肥料养分缓慢的释放出来，以延长肥效，这种肥料比较适用于经济价值高，生育期长，需肥量大但又不方便分次施肥的农作物。控释肥的优点主要在于肥料的利用率高，普通的常规肥料的养分往往通过空气蒸发、地下渗透以及地表的水冲失，真正被利用的不到30%，而控释肥由于有外包薄膜的控制，可以有效地避免流失，肥料的利用率可以达到80%以上，不失为一种有效利用肥料，保护环境的办法。

小锦囊 给蔬菜施肥的几种方法

蔬菜施肥主要有几种方法：第一是地面撒施。蔬菜浇水后或下雨时趁机将化肥撒施于畦面或植株行间。第二是随水冲施。蔬菜在浇水前将化肥撒在水沟内，使化肥随浇水熔化进入土壤。第三是滴灌施肥。其特点是某一种或几种蔬菜所需营养元素的化肥通过滴灌过滤系统后，随着滴灌水自动进入蔬菜根系周围的土壤中。第四是机械深施。机械深施包括蔬菜栽培前的基肥深施和栽培过程中的追肥埋施，一般采用沟施、穴施和条施。第五是叶面施肥。蔬菜在生产管理过程中可结合喷药防治病虫害进行多次叶面施肥，但这只能作为一种辅助措施。第六是营养液施肥。营养液施肥是在无土栽培条件下，根据蔬菜作物的不同种类、不同的生育期把各种营养元素化合物溶解到水中配制成营养液，以提供作物生长所需营养。

22 节约农用地膜，该怎么做?

我国从20世纪80年代开始广泛使用农用地膜覆盖技术，地膜成为继化肥、农药之后的第三大农业生产资料。农业地膜具有提高地温、保持土壤水分、调节土壤养分转化，促进微生物的活动，提高温、光的利用率等功能，有利于提高农业生产率。然而，随着水资源的短缺、气候的异常变化，农业生产的自然条件也在恶化，农用地膜在使用的过程中不断老化引发了环境问题，滥用农业地膜又提高了生产成本。所以农民朋友要学会节约农用地膜。

小故事 变漂亮的马大妈

2009年年底县里开农业表彰大会之前刘玉在休息室碰到了马大妈，猛一看见，还有点不敢认。马大妈穿着得体的新衣服，眼睛亮亮的，虽然皱纹没有减少，可毫不夸张地说，漂亮多了。刘玉不禁想起前几年刚刚下乡工作时遇见马大妈，有天傍晚，刘玉看见一堆人围着，传来一阵撕心裂肺的哭声，赶紧过去一看，原来是马大妈坐在地上，头发披散，拍着腿哭，她家的老黄牛倒在边上，眼看着不行了，这可不是小事，马大妈家两个大学生，负担不轻。大家开始不明白为什么好好的牛会突然倒下，结果把牛杀了，胃剖开，只见牛胃里一团一团的破旧的塑料薄膜和草结成团，前几年大家都开始使用地膜，尝到了农用地膜的甜头，但是地膜都是不可降解的，田间地头有很多废弃的旧地膜，看来牛是吃了膜不但不能消化，而且烂肠子，大家都沉默了。从此马大妈有空就背着一个篓在田间走走，把废弃的地膜都捡起来，还到处打听学习怎么保护和节约地膜，在她的影响下，大家也都自觉地把自己家用过的地膜捡回去。后来，刘玉就调回县里，听说马大妈的小儿子回乡办了个小厂，也不知具体情况怎样了。马大妈看见刘玉，热情地打招呼，说起了自己的儿子和工厂。原来马大妈的儿子回乡后，干脆贷款办了个农用地膜回收加工厂，地膜回收扩展到了全县，使用地膜回收机械，马大妈不再自己去田间地头捡地膜，而是开始向乡亲们宣传回收地膜的好处，这两年，马大妈家的回收工厂开始盈利，马大妈所在的乡镇也成为全县防止农业污染工作做得最好的地区。这不，作为农村防污染突出个人，马大妈到县里开会介绍经验来了。

◎ 节约农用地膜的有效方法

节约农用地膜主要有三个思路：少用农业地膜，延长农用地膜的寿命，回收废弃的农业地膜，从而达到降低生产成本，减少环境污染的目的。

第一，了解农用地膜，使用合适的农用地膜。不同的农业地膜作用不同，且各有优缺点，要根据作物种类和使用目的，进行合理选择，避免浪费。一是黑色农用地膜。透光率低，仅在10%以下，在多草地区覆盖，灭草效果稳定可靠，节省用工，黑色膜增温缓慢，保水性能好，在高温季节覆盖喜凉蔬菜，热量传入少，水分蒸发小，从而促进生长。适宜范围为夏萝卜、白菜、菠菜、芫荽、秋黄瓜等，多年生作物或果园除草使用。二是绿色农用地膜。使用绿膜可起到灭草的作用，绿色膜对土壤的增湿作用不如透明膜，但强于黑色膜，对作物的地上部分生长有利，增产效果显著。绿色农用地膜多用于草莓、瓜类、番茄、茄子、辣椒等蔬菜上，一般可使番茄和茄子分别增产22%和49%。三是红色农用地膜。用于水稻育秧，秧苗旺；覆盖甜菜，含糖多；栽培胡萝卜，根变粗；栽韭菜，则叶片厚、收获早、产量高。四是蓝色农用地膜。蓝膜保温性能好，升温快，该膜主要用于水稻育秧，有利于培育矮壮苗，且栽后返青快，分蘖多。还可用于蔬菜、草莓、花生等作物。同时，对十字花科蔬菜的黑斑病菌有较好的抑制作用。

第二，合理选择农用地膜。农用地膜根据原料、成型方法、用途以及宽度和厚度的不同，有不同的品种和规格。为了延长农用地膜的使用寿命，取得更大的经济效益，必须根据本地区的实际情况，做到合理选择，正确使用，好好保管和养护。例如，厚的农用地膜适宜在黄河以北地区使用，薄的农用地膜适宜在长江以南地区使用；0.1毫米厚的农用地膜适宜用于农用地膜大棚的外层覆盖，0.065毫米或0.075毫米厚的农用地膜适宜用于水稻育秧；作为覆盖用的农用地膜最好是宽幅的，作为包装用的农用地膜，最好是厚度0.1毫米以上的吹塑薄膜等。一般来说，在选择农用地膜时尽量使用符合国家标准的膜，将地膜尽量回收。由于绝大多数普通地膜不可降解，残留在土壤中的废弃地膜容易造成土壤不透气，不透水，土地板结，引起粮食减产和环境污染。而燃烧和填埋也不能从根本上解决残膜的污染问题，反而会产生有毒气体，费时费力，因此农民朋友要尽可能将废弃的地膜收起来，交到回收站，甚至还可以获得点小收入。同时，不要贪图便宜，买低质薄膜。有的地方农民为了降低用膜量，减少成本，大多使用0.006mm的超薄膜，但使用这种超薄膜在播种作业的时候容易被拉伸撕裂，降低了地膜增温保墒的作用，也由于强度低，容易老化破损，不好捡拾回收。因此，从使用和回收考虑出发，农民朋友最好选择合格的农膜产品。

第三，农用地膜的保护。农用地膜耐老化的时间越长，它的使用寿命也越长。实践证明，同样的农用地膜，在相似的气候环境中，由于使用和养护方法的不同，耐老化的时间也不一样，因此要正确使用和妥善养护。农用膜不当作“万能膜”使用，如果把地膜当作“万能膜”使用，晾晒农作物时用它铺地当草席，雨天用它当雨衣、油布，这样用不了多久就会破损。所以，每种地膜都要有一定的使用范围，并注意正确使用。如用地膜搭盖大棚时，棚架要尽量光滑，要削去骨架上的尖刺及凸出部分，棚架材料要软硬适中。在扎棚架时，不要使用铁丝，应该用草绳、纱绳或塑料绳等材料，以免刺破地膜。整个棚架不要高低不平，每个支架之间的距离不能太长（一般以一至二米为宜），防止农用地膜被大风刮破。在更换棚膜时，要注意防止压膜绳磨破棚膜，压膜绳不经处理就直接压在棚室上，就会在后续的工作中或刮风时，因压膜绳摆动将棚膜磨破，使其失去应有的功效，因此要对压膜绳进行适当的处理，可以在压膜绳与棚膜之间垫上布、软皮管等，避免压膜绳与大棚塑料膜接触，增加受力面积，减少对棚膜的磨损。同时在安装压膜钢丝固定大棚时，也不应直接将钢丝压在棚膜上，可以在压膜钢丝与棚膜之间垫上废旧车胎或烂鞋底等，避免压膜钢丝将棚膜勒破。

23 尽可能减少农药的使用量，该怎么做？

对付农作物病虫害，人类发明了农药。目前，我国已经成为世界上第二大农药使用国。但过量施用化学农药不仅影响农产品质量安全，城乡居民的身体健康受到严重的威胁，还会对土壤、水及生态环境造成污染，破坏生态平衡。而且长期和大量使用化学农药，还使害虫产生抗药性，农药使用效果将大大降低，容易发生虫害，削弱庄稼的生产能力。现在大家都意识到了食品安全和环境保护的重要性，在法国，绿色食品会专门贴上“BIO”（纯天然）标志，贴上了这个标志的食品就比普通食品贵上许多。而日本，有知名的“木村苹果”，一个叫木村的果农，花了 11 年的时间，培育出了不用打农药的苹果，这种苹果味道特别好，不易腐烂，可以储存很久。“木村苹果”面世后，供不应求，专门供应东京的高级餐厅。可见，如何减少农药使用量，找到合适的农药替代品是一种潮流，也是很实际的一个问题。

小故事

李大爷的骄傲

江西的李大爷，早年丧偶，辛辛苦苦作田把一个儿子拉扯大。有一年因为太辛苦，喷了农药回来就晕倒在堂屋里，那时李大爷的儿子在县里读高中，不在家。如果不是邻居注意到把他救醒，那一次中风都有可能。后来李大爷头疼了很久，据乡里的技术员说，可能是喷农药沾了太多的敌敌畏。李大爷的儿子也算争气，后来考上了大学，但是没和李大爷商量，直接填了农业大学，把李大爷气得够呛。供儿子上学就是不想他再务农，这下好，大学都学农，这辈子就是个泥腿子命。李大爷有好一阵子没给儿子好脸色看，喝了酒就伤心，自言自语：农有什么好学的，面朝黄土背朝天，不在土里刨食就没饭吃。李大爷的儿子真是有出息，那时就是看见李大爷喷剧毒农药搞得头疼，后来就发奋去学农药方面的专业知识。现在国家已经禁止使用剧毒农药了，但是一般的化学农药对田土还是有影响，种出来的庄稼也不是那么好吃。最近几年，县里面开始推广生物农药，李大爷的儿子是大学里的研究员，生物农药方面的专家，全县使用的几种生物农药都是李大爷的儿子牵头做的研究。当地农民都知道生物农药用料少、没有毒性，用生物农药治虫，对身体没有影响，又保护土质，杀死害虫，特别是种经济作物，使用生物农药，城里人吃得放心，都愿意买。乡亲们这两年尝到了甜头，都夸李大爷有个好儿子。这不，李大爷酒也不喝了，趁着身体硬朗到城里在儿子家住阵子，还说要和儿子学点这方面的知识回来告诉乡亲们呢。

现在国家已经禁止使用剧毒农药，但是在实际生产过程中，化学农药依旧占了绝大多数。随着对食品安全和生态环境的重视，寻找化学农药的替代品，提高农作物产量和质量是研究人员和农民关心的问题。特别在市场经济条件下，安全、口味好的农产品越来越受到欢迎，也促使农民朋友有动力去使用其他的替代技术或者尽可能地少用农药。

第一，学会使用生物治虫技术。生物治虫或生物控制害虫，是指利用一种生物控制另一种生物的治虫方法，就是利用生物间的关系，应用各种有益的生物或生物的代谢产物来防治病虫害的方法。有益生物种类很多，包括益虫、益鸟、益兽和有益微生物等。生物防治法就是通过有益生物直接消灭害虫，改变生物种群的组成部分，优点是对人、畜、植物都安全，没有污染，不会引起害虫的猖獗，也不会产生抗药性，对一些害虫的发生有长期的抑制作用。生物治虫技术包括以虫治虫、以菌治虫、以菌防病、植物杀虫、利用昆虫激素防治害虫及其他有益动物的利用等方法。例如害虫性诱剂是利用害虫对性信息及其敏感的原理，通过高科技生物技术合成雌性成虫信息诱芯，吸引周围 50 米范围内的雄性成虫到诱捕器，然后集中杀灭。又如利用青蛙和癞蛤蟆杀虫，青蛙能捕食在地面上活动的各种害虫，一只青蛙一年所捕食的害虫相当于 3000g 农药所杀灭的害虫，所以一只青蛙就是一个活的“杀虫机”。

第二，用生物农药替代传统农药。生物农药指用来防治病、虫、草等有害生物的生物活体及其代谢产物和转基因产物，并制成商品的生物源制剂，包括细菌、病毒、真菌、线虫、植物、昆虫天敌、农用抗生素、植物生长调节剂和抗病虫草害的转基因植物等。生物农药的优点在于对人、畜无害，保护天敌、区别对待，对植物无害，昆虫不易产生抗性，生产工艺简单。但是也存在效果慢，杀虫有限，受环境影响大，质量、效果不够稳定等缺点。

第三，加强栽培管理，改变病害虫生存环境。以蔬菜为例，在防治的基础上减少农药使用量，不仅减少了生产成本，也令蔬菜的品质安全得到保障。一是选用抗病品种是减少蔬菜发病的基础，但一定要选择适合当地生产的高产、抗病虫、抗逆性强的优良品种。二是要加强栽培管理。合理轮作倒茬，清除病株残体。清除病株残体、病果、杂草，集中销毁深埋，切断传播途径，是防治病虫害的一种好方法。三是降低湿度。因为病菌在湿度大的情况下才能大量地繁殖，危害蔬菜，所以应尽量降低田间的湿度，减少病害的发生。四是合理施肥。最好是在蔬菜上用配方肥，并主要以增施腐熟好的有机肥为主，配合施用磷肥，控制氮肥的施用量，生长后期可使用硝态氮抑制剂双氰胺，防止蔬菜中硝酸盐的积累和污染。另外，采用无土栽培的方式可以人为地减少病菌的来源，是一种不错的方法。五是设置防虫网。如果是棚室蔬菜，在棚室通风口设置防虫网，以防白粉虱、蚜虫等害虫的入侵，减少虫害的侵染机会。

第四，选择合适的时机喷洒农药。选择合适的时机喷洒农药可以减少农药用量，达到事半功倍的效果。不同的农作物在不同季节的最佳打药时间是有些差别的，实践证明，夏季喷农药，无论是对粮食作物、蔬菜作物、经济作物还是果树等，都应在上午 8 点到 10 点，下午 5 点前后为最佳时间。上午 9 点左右，一般露水已干，温度还不太高，同时是病虫活动最旺盛的时间，此时用药效果好；下午 4 时以后，光线渐弱，温度渐低，夜出性害虫开始活跃，这时喷药，同样有较高的灭菌杀虫效果。

小锦囊 几种无公害灭虫方法

第一是草木灰：草木灰含有丰富的钾元素，有极好的防虫效果。可用来防治葱蝇、根蛆、蚜虫、金龟子等。⑴土壤施用：每亩用草木灰 30 ~ 40 千克，施于种植沟内，播种或定植后覆土，可防治蔬菜根部害虫；⑵撒施：草木灰研磨后在早晨露水没干时，撒施在害虫为害部位，每亩用草木灰 1 ~ 2 千克；⑶喷洒草木灰浸提液：每 3 千克草木灰加水 10 千克，浸泡 3 天后滤渣取液，每亩喷施 50 千克。

第二是烟草：烟草对害虫以触杀为主，兼有熏蒸、胃毒作用。防治蛴象、飞虱、叶蝉、潜叶蛾，每亩用烟草粉末 3 ~ 4 千克，直接喷粉；防治菜青虫、小菜蛾、蓟马、菜蚜、棉蚜等，用配制的烟草石灰水或烟草水喷雾，每亩用液量 50 千克，杀灭率可达 90% 以上。

第三是蓖麻叶：蓖麻叶杀虫效果好，还有追补有机肥的作用，能防治蚜虫、菜青虫、蝇蛆、地老虎、金龟子、小菜蛾等。方法是把蓖麻叶捣汁，加水 3 ~ 5 倍，浸泡 12 小时后喷洒叶面。也可将蓖麻籽油渣加水 5 倍，浸泡 12 小时，在晴天黄昏时喷洒。

第四是韭菜：取新鲜韭菜 1 千克，捣烂后加水 0.2 ~ 0.3 千克浸泡，榨取汁液，每千克原液加水 6 ~ 8 千克喷雾，可以防治红蜘蛛、蚜虫、棉铃虫等，防治效果达 88.75% 以上。

第五是大蒜：取 20 ~ 30 克大蒜瓣（紫皮者为佳）捣成泥状，加 10 千克水搅拌，取其滤液，用来防治蚜虫、红蜘蛛和甲壳虫等，有很好的杀虫效果，杀灭率可达 90%。

第六是辣椒：尖辣椒（朝天七星椒最好）1 千克捣烂加水 5 千克滤液喷雾，可防治黏虫、毛虫、地老虎、蚜虫、红蜘蛛等。

第七是苦瓜叶：新鲜苦瓜叶片，加少量清水捣烂榨取原液，每千克原液加 1 千克石灰水，调匀后灌根，防治地老虎有特效。

第八是南瓜叶：南瓜叶加少量水捣烂，滤取原汁。2 份原汁加 3 份水，再加少量肥皂液，搅匀后喷雾，灭蚜虫、菜螟效果达 90% 以上。

第九是黄瓜藤：鲜瓜蔓 1.25 千克捣烂，加水 2.5 千克，过滤取原汁加水 4 ~ 5 千克调匀喷洒，防治菜青虫、菜螟效果显著。

第十是番茄：鲜番茄加入少量水捣烂，去渣取液，3 份原液与 2 份水混匀，再加少量肥皂液喷雾，防治红蜘蛛有奇效，还能驱除蚊蝇。

24 降低养殖的饲料消耗，该怎么做?

养殖，特别是养猪，其饲料成本占整个养殖成本的六成以上，可以说，在市场竞争十分激烈的今天，谁能找到简单可行的办法节省饲料成本，谁就是市场的赢家。其实要做好节省饲料也不难，关键是做到科学饲喂。以下是科学饲喂需要掌握的一些技巧：

一是改进饲喂程序。需要记住，良好的饲喂程序涉及几方面的要点。以养猪为例，这些要点包括：对猪只的生长性能进行监控、选择饲料原料、制作配方、实现一套品控程序、对成本进行监控，以及减少饲料浪费。首先，重点应该放在饲料消耗最大的方面（例如：生长 - 育肥料），以及成本最高的营养成分（例如：能量、蛋白和磷）上。主要因素把握好之后，再调整次要因素。对于各种因素，都一定要评估其经济价值。有若干种指标可用来衡量饲喂程序的经济特性。比较好的指标是每公斤增重所需的饲料成本、每头出栏猪的饲料成本，以及每头猪的效益。

二是合理配比多种饲料。单一饲料营养成分不完善，不能满足畜禽的营养需要，使用配合饲料可以达到取长补短的效果，能充分利用各组中的营养成分，尤其是添加各种必需氨基酸，能大幅度提高饲料利用率。反刍畜瘤胃中的微生物，能利用无机态氮合成菌体蛋白，为了提高菌体蛋白的合成，可以在反刍畜饲料中添加 0.02% ～ 0.05% 的尿素，1 千克尿素可以代替 6 ～ 7 千克豆饼。肉仔鸡生长发育速度极快，在日粮中添加 1% ～ 5% 的动物脂肪，对提高饲料利用率有很好的效果。养猪的话，要建立一套品控程序，不论饲料或饲料原料是从外面购买的还是自己种植、自己加工混合的，要对日粮和饲料原料的关键物理性质和营养指标进行监控。要寻求各种饲料原料来满足动物的营养需要，包括氨基酸、矿物质、维生素以及能量。这样，就有多种选择的余地，例如用基混料来代替浓缩料，或把玉米换成小麦次粉、油脂、黄米或 DDGS（带滤液的玉米加工蒸馏物）等。

三是按生理习惯科学投喂。饲料配合不但要满足动物的营养需要，更要符合动物的消化生理特点。猪是杂食动物，胃的特点介于肉食动物和反刍动物之间，酸度可达 0.35% ～ 0.45%，能利用多种植物性饲料和动物性饲料，饲料多样配合还能够提高猪的食欲，促进胃液的分泌。牛羊等反刍畜有容积很大的瘤胃，瘤胃内有强大的微生物群，皱胃内酸度仅为 0.12% ～ 3.0%，可以充分利用粗纤维，主要采食植物性饲料，对动物性饲料的利用率很低，若在牛羊等反刍畜饲料中加入动物性饲料，既不容易得到充分有效的利用，还容易引发一些传染病，如疯牛病的流行，就是因为在牛的饲料中添加动物性饲料特别是牛椎骨、脊髓造成的。鸡没有牙齿，肠道又很短，对粗纤维的消化率很低，一般要求饲料中粗纤维含量 2.5% ～ 5%，若在鸡饲料中配入过多的粗饲料，只能增加饲料消耗，加大资金投入。另外，为防止畜禽挑拣造成浪费，猪、鸡等动物的饲料，宜采用细碎状态并全部混合拌匀使用，青草、青菜、多汁根茎类饲料应剁碎拌入，牛、羊、马等动物的饲料，应尽量切碎，加入麦麸和粉碎精料前，应先在粗饲料中喷入清水。使用干粉料浪费、糟蹋较多，使用湿拌料可减少浪费。分次饲喂的，一次投料不要过多，要少添勤喂，防止挑剔浪费，剩料应及时清理。使用自由采食方式的，应改良料槽的结构和高度。

四是精细加工饲料并计算最佳周期。要选择好的饲喂品种。如产蛋性能下降的蛋鸡蛋鸭，应及时淘汰清理，一只不产蛋鸡会白白消耗掉 5 ～ 10 只产蛋鸡的利润；一只低产鸡能消耗掉 3 ～ 5 只产蛋鸡的利润。饲养中要经常淘汰弱小鸡和病残鸡，产蛋高峰期要淘汰尚未开产的鸡，产蛋中后期要注意淘汰停产鸡和产蛋率低的鸡。这样鸡的总数虽有所减少，但饲料消耗减少了，料蛋比降低了，经济效益会相应地提高。如果将饲料加工，也能降低饲料的消耗。饲料加工可分为机械加工、化学处理、生物处理。机械加工能减少饲料浪费，改善适口性。粗饲料切短后，便于拌料，便于咀嚼。精饲料磨碎后，有利于消化液的充分混合。具体细度要求：猪应在1毫米以下，牛羊可在1～2毫米，马和小家畜可在2～4毫米。喂猪用的甘薯叶经浸泡，有利于溶去杂质。发霉的瓜干经浸泡后，能很快溶去有毒物质。瓜干或甘薯面经蒸煮后，可进一步提高适口性，又能使粗纤维膨胀，有利于消化液的渗透。化学处理能提高粗饲料的营养价值。常用的化学处理方法是碱化或氨化，利用碱性成分的作用，破坏粗饲料中木质素的结构，溶解其中的矽酸盐，将那些与木质素有联系的营养物质如纤维素、半纤维素解放出来，使饲料的营养价值有所提高，且动物也爱采食。生物处理能促进物质转化，提高营养价值和消化率。饲料经糖化处理后，营养物质发生降解，适口性有很大提高，更有利于营养物质的消化和吸收。饲料经发酵处理后，粗纤维得以降解，还可以产生维生素 B 族和有机酸、醇等芳香刺激性物质，改善消化与营养状况，进一步提高生产力。这一点，在下面专门介绍。

五是合理利用饲料发酵。麦麸皮、玉米芯、稻草、糟粕、木薯渣、红薯藤、花生壳、鸡粪等，有的根本不能直接饲喂，有的则因含有害物、毒素而不宜直接饲喂，把这些粗饲料丢掉，又很可惜。微生物饲料发酵助剂的出现，使这个问题得到了解决。大量实践表明，微生物可以将粗饲料原料发酵制作成菌本蛋白饲料，是最经济最有效省钱的途径。如，将这些东西粉碎或切碎后，接种二型饲料发酵菌种，便可降解成气味芳香、酸甜适度、久贮不变的生物性节粮型饲料，再配以科学的饲喂方法，不仅能增强猪鸡等动物对生物性饲料适应性，而且节粮效果显著，经济效益和生态效益兼顾。

如何通过微生物将粗饲料原料发酵呢？用二型饲料发酵助剂制作饲料。饲料发酵助剂中的乳酸菌、酵母菌等功能菌群，以及这些功能菌的中间产物与代谢产物、酶能把秸秆、藤蔓类植物、花生壳、果渣、草粉等粗饲料中的木质素、纤维降解成菌体蛋白和氨基酸。在厌氧发酵过程中，其中间产物还常常伴随有乳酸、醋酸菌、酵母菌和乙醇、维生素等有益微生物或相关产物，最终将粗饲料转化成酸甜、软香、适口性好、猪喜吃、容易消化吸收的节粮型饲料，能代替部分精料，大大降低养殖成本。在用粗料发酵饲料搭配常规饲料养猪时，应注意生食稠喂，少喂勤添，并根据当地环境温度等情况作适当调整。在炎热的夏季可适当稀稠，满足猪体水分需要，在寒冷的冬季调稠一点，防止稀食灌大肠，增加猪的排尿次数，损耗猪体热量。此外，还可根据采食情况及时调整粗料发酵饲料的饲喂量，一般以猪自然采食完为度，防止槽内陈旧食物残渣影响猪的食欲。发酵助剂的操作也非常简单，按说明混好物料，密封两三天，发酵即告完成，无需再添其他饲料。

25 科学利用畜禽粪料，该怎么做？

近年来，随着畜禽养殖业集约化迅猛发展，与之伴随产生的畜禽粪便排放问题也日益严峻。大量随意排放长期堆滞的畜禽粪便，不仅孳生大量的苍蝇蚊虫，而且大面积污染土地和水源，给生态环境造成了严重影响。但畜禽粪便并不是一无长处，农民朋友如果能够将其利用好，却又是一种能带来财富的极好的资源。

小故事 干净的养猪法

家住怀化新晃县贡溪乡贡溪村的龚小光在外打工 10 年，最近回来了。龚小光读了高中就出去打工，敢闯敢干，在村里年轻一辈中也算佼佼者，很多人在他的影响下也出去打工了。这下，他又率先回到村里，大家的眼睛都盯着他，看他到底要干什么。只见他麻利地请人，贷款，买仔猪，没多久，一个大型的养猪场就建起来了。但是和普通养猪场不同的是，龚小光在建猪场的同时，买进了猪粪清运车和猪粪处理机，还专门建起了一个发酵大棚。养猪产生的猪粪不像以前一样直接拉到田里当肥料，而是马上集中起来进行处理，一部分发酵后密封，再分装，成了极好的喂鱼的饲料和肥水剂，另一部分处理过后添加到稻草节和麦草节里，成了栽培食用菌的基料。在养猪场的基础上，不但没有了养猪带来的环境污染，还有效利用了猪粪，发展出水产养鱼和食用菌基地。

◎ 掌握科学的畜禽粪便利用技术

随着养殖业逐步向规模化、集约化方向发展，畜禽的排泄物更利于收集加工。大量的粪便经过科学处理，不仅能供给农作物绿色肥料，给人们提供燃料，还能作为畜禽的优质饲料再被畜禽利用。畜禽粪便利用技术是根据自然条件、经济条件、养殖规模、环境承载能力等因素，采用多种技术和模式，科学组合，对畜禽粪便进行综合治理，以达到无害化、减量化处理和生态化、资源化利用的目的。目前畜禽粪便主要用作沼气发酵原料、肥料、养殖蚯蚓等。

农村户用沼气技术。农村户用沼气技术是利用沼气发酵装置，将农户养殖产生的畜禽粪便和人粪便以及部分有机垃圾进行厌氧发酵处理，生产的沼气用于炊事和照明，沼渣和沼液用于农业生产。这一技术既提供了清洁能源和无公害有机肥料，又解决了粪便污染问题。农村户用沼气池一般为 6 ～ 10 立方米，包括沼气发酵装置、沼渣沼液利用装置和沼气输配系统等。集约化畜禽养殖场大中型沼气工程技术是以规模化畜禽养殖场禽畜粪便污水的污染治理为主要目的，以禽畜粪便的厌氧消化为主要技术环节，集污水处理、沼气生产、资源化利用为一体的系统工程技术。主要由前处理、厌氧消化、后处理、综合利用四个环节组成。一个完整的沼气工程应同时具备治理污染、生产能源和综合利用三大功能，也就是说，畜禽粪便和污水经过厌氧消化后，既可处理废弃物净化环境，获得优质能源（沼气），还可进行生物质资源的多层次综合利用。由于畜禽养殖场沼气工程技术集环保、能源、资源再利用为一体，又被称为畜禽养殖能源环境工程技术。

粪便堆沤处理生产有机肥技术。粪便堆沤处理生产有机肥技术是通过调节畜禽粪便中的碳氮比和人工控制水分、温度、酸碱度等条件，利用微生物的发酵作用处理畜禽粪便，生产有机肥料。畜禽粪便通过堆沤处理腐熟后，由于含有大量的有机质和丰富的氮、磷、钾及微量元素等营养物质，所以是农业生产中的优质肥料，可增加土壤肥力，提高农作物产量和品质，有利于发展现代有机农业。在堆沤过程中，伴随着有机物分解和腐殖质形成的过程，有机质由不稳定状态转化为稳定的腐殖质物质。由于碳素等挥发性成分分解转化，堆沤原料在体积和重量上发生了明显的变化，重量和体积均会减少1/2左右。将畜禽粪便及垫料按1∶4～1∶3的比例混匀或分层堆积，用土盖好或用泥封好，在粪堆上插上温度计和带小孔的竹竿，让其发酵，待堆肥内温度升高到60～70℃，再发酵15天即可均匀分解（夏天时间可短，冬季时间稍长），达到充分腐熟的目的。经腐熟处理的肥料，外观呈暗褐色，松软无臭，蛔虫卵死亡率达95%～100%，大肠菌值0.01～0.1，能有效控制苍蝇滋生。

畜禽粪便直接还田利用技术。畜禽粪便直接还田作肥料是一种传统的、经济有效的粪污处置方式，可以在不外排污染的情况下，充分循环利用粪污中有用的营养物质，改善土壤中营养元素含量，提高土壤的肥力，增加农作物的产量。采集新鲜的粪便直接施于土壤或农作物距离根部15～20厘米处，用土翻耕或掩埋好，利用土壤中的微生物对粪便进行分解，提供给农作物所需养分。一般每亩地一次施鲜猪粪3吨或牛粪20吨、鸡粪1.3吨不会影响土壤结构，不会产生臭味招引苍蝇。要注意的是：倘若土地处理利用粪便量过多，超过了其承载能力，不仅影响植物的正常生长，造成产量降低，还会污染环境。

畜禽粪便蚯蚓资源化处理技术。利用经过发酵的畜禽粪便养殖蚯蚓，其有机质通过蚯蚓的消化系统，在蛋白酶、脂肪酶、纤维酶、淀粉酶的作用下，能迅速分解、转化成为自身或其他生物易于利用的营养物质。利用蚯蚓处理有机废弃物，既可以生产优良的动物蛋白，又可以生产肥沃的生物有机肥，是一项变粪为宝的重要技术。

26 科学利用秸秆，该怎么做？

秸秆富含氮、磷、钾、钙、镁和有机质等，粗纤维含量高，并含有木质素等，是一种具有多用途的可再生的生物资源。但当前农民朋友对于农作物秸秆的利用很不够，除了部分家庭用来饲养牲畜、垫圈、盖房外，很多都作燃料烧掉了，有的干脆露天搁置不理，总觉得秸秆利用价值低，缺乏高效利用渠道。对此，河北的老张头却不这么认为，他通过自己的努力，将秸秆变废为宝，既保护了环境，又实现了增收，可谓一举两得。

小故事 其实秸秆是个宝

河北沧州农村年过六旬的老张头，看到各家地里的秸秆露天焚烧，心里不是滋味。漫天飞舞的烟尘让他想起：有一年天灾，粮食短缺，他用地里的秸秆加青草养了一头奶牛，救了一家老少的命。这件事在他心中记存了一辈子，也对秸秆和奶牛记恩一辈子。也正是这漫天飞舞的烟尘，刺激他老张头，下决心要为村里的秸秆找出路，那就是办一个养牛场。村里人有的笑他白痴，有的戏说他“人老心未老”。老张头可顾不了这些，拿出他当年扫盲学识字的蛮劲，到省城购买一批秸秆利用技术以及奶牛饲养技术丛书，硬是啃起书本来，读不通的地方就请教他在读高中的孙子。他先是搭起牛棚和牛屋，大量收集本村的秸秆，搭配其他辅助饲料喂养奶牛。不到三年时间，奶牛从5头发展到80头，年收入数十万，奶牛再一次让老张头有了青春焕发的感觉。到了往常秸秆露天焚烧的时节，就是老张头走村串户的游说和收集秸秆时刻。他通常把刚刚收获的秸秆，进行氨化青贮，改善秸秆饲料的口味和营养，节省了大量购买饲料的费用。通过老张头的奶牛场，全村百分之九十以上的秸秆都能实现过腹还田。老张平时在村里人缘很不错，村民们都愿意免费把收获后的秸秆送给老张作饲料，而老张的奶牛场的牛粪进行堆肥处理后，又免费送给大家肥田。这样，村民们也节省了很多购买肥料的费用。

秸秆是我国仅次于煤炭、石油、天然气的第四大能源，可再生、低污染、分布广泛，总量丰富。过去，在人们心目中，秸秆是“宝”。在农村普遍没有使用煤、煤气和电力等能源时，秸秆一直是烧水做饭不可缺少的燃料；在农民没有充裕化学肥料作为土地投入品时，秸秆是保持作物高产优质的有机肥料；在城乡居民没有能力使用钢筋、水泥、砖、瓦等材料建设居所时，秸秆又是各类房屋建设不可缺少的建筑材料。如今，人们消费观念改变，不再把秸秆用作烧水做饭的燃料、种地投入的肥料和各种建筑的材料。于是，乱堆乱放、任意抛弃或焚烧秸秆也就成为农民习以为常的事。这些行为的危害较大：一是浪费资源。秸秆作为一种品质高、数量大的有机肥资源被白白浪费，造成农田土壤所需的有机肥施用量严重不足，土壤有机肥含量降低，理化性状不断恶化，土壤肥力逐年下降，制约农业的可持续发展。长期堆积造成病菌滋生、蚊虫蔓延，恶化乡村的环境卫生。二是污染环境。焚烧产生大量的二氧化碳等有害气体，污染着大气；遗弃到沟河池塘后，腐烂产生有毒物质，污染着水体。秸秆焚烧产生的烟雾中含有大量的灰粉、一氧化碳、二氧化硫、氢氧化物等有害物质，对人体呼吸道有严重的刺激作用，容易诱发多种呼吸系统疾病。三是危害安全。农民在铁路、高速公路沿线和县、乡道路沿线的田块焚烧秸秆，产生大量浓烟，造成道路通行能见度降低，极易引发交通安全事故，焚烧秸秆也容易引发农民人身和财产安全事故。近几年，每年都发生因焚烧秸秆造成未收割的水稻、小麦被成片烧掉，农民被活活烧死的惨剧。尽快解决农作物秸秆焚烧，科学利用秸秆资源，在当前推进社会主义新农村建设中尤为重要和紧迫。那么，如何合理利用秸秆，使其变“草”为“宝”呢？

第一，机械切碎直接还田。目前，农村劳动力短缺，加之秸秆积造有机肥费工费时费力，应该把省时省工的作物秸秆机械切碎直接还田作为秸秆综合利用的主流。秸秆还田可改良土壤，培肥地力，改善生态环境，提高农作物抗逆性，对作物高产优质作用极大。实施秸秆机械切碎还田，就是在使用大型联合收割机收割水稻、小麦时，在收割机的出草口安装秸秆切碎机，将秸秆直接切碎，然后用大型旋耕机深旋入土，最后栽插水稻或播种旱作物。秸秆机械化还田是一项成功技术，全国各地都在大力推广。该技术是以大中型拖拉机、灭茬耕整机机组实现的秸秆还田农机工程与农业生物技术和农艺配套技术相结合的一项综合技术。该技术可一次完成稻麦秸秆切碎、灭茬、施耕、混合和覆盖，达到秸秆翻埋数量大、效率高、质量好，能满足不同后续作业的农艺要求，作业成本仅为人工还田的四分之一，而工效可提高 40 ～ 120 倍。经测定，每亩田块全年还草 900 ～ 1000kg，相当于施尿素 14kg，过磷酸钙 12kg，钾肥 12kg，节约投入成本 45 元，还草田块 2 ～ 3 年后有机质增加 16% ～ 20%，速效钾增加 15%，种植的水稻、小麦亩增产 8% ～ 10%。

第二，利用秸秆发展草编和板材。秸秆发展草编，就地取材就地利用。利用水稻秸秆编制草包、草苫，这在一些地方已形成气候，也是非常适合农村老弱病残和留守人员就地取材赚钱的优选项目。秸秆都被草编大户收购了，编制出来的草苫又及时被当地蔬菜基地老板购买，用于冬季覆盖蔬菜大棚使用，实现了良性循环。秸秆发展板材，材料取之不尽。秸秆是比木材再生快、产量高的可再生资源，全国各地每年秸秆的产量基本稳定，因此年年再生，取之不尽，用之不竭。事实上，人造板生产的趋势正快速地由以木材为主原料向各种木材替代品为主原料转变。以农作物秸秆为主要原料，生产复合秸秆板材，具有各种优良的物理力学性能、表面装饰性能和二次加工性能，已经成为一种新型高强度的环保板材。我国一些地方已推广普及，有效推动了秸秆综合利用，使生产企业和农民受益匪浅。

第三，利用秸秆生产食用菌菇渣还田。利用秸秆发展草菇、蘑菇等食用菌。有些地方食用菌的生产已经形成规模，涌现出一大批熟练掌握该项生产技术的人才和因此而富裕的大户。食用菌是保健食品，深受广大消费者喜爱，而生产食用菌后的菇渣又是作物生产上佳的有机肥料，因此利用秸秆发展食用菌，然后菇渣还田，是发展循环农业的一条重要途径。

第四，利用秸秆饲养牲畜过腹还田。秸秆养畜是推动食草动物发展、减少畜牧养殖粮食消耗、促进农民增收、减少秸秆遗弃焚烧污染、实现种养加循环利用的最可行措施。随着人民生活水平的提高，对肉食品的需求量、品种和品质都有较大幅度的增加和提高。食草动物除肉、奶可供人们享用外，本身还是农家肥料的“制造工厂”，因此备受人们青睐。

第五，利用秸秆发展沼气后沼液沼渣还田。农作物秸秆经过处理放入沼气池发酵，发酵后可产生大量的沼气，燃烧发电或供热。这些电力或热能输入热电网供居民使用，从而实现农作物秸秆的能源化综合利用。秸秆生产沼气后，剩下的沼液和沼渣就是优质“生物肥料”。利用这种“生物肥料”投入土壤，可改良土壤、培肥地力，生产出优质有机农产品，最终实现“秸秆—沼气发电—沼液沼渣生产有机肥—优质农产品—农产品深加工—产品供应市场（或出口）”的循环利用，促进循环农业的发展。

第六，利用秸秆发展新能源。秸秆是生物能源的重要原料，随着科技的进步，将秸秆转换为新能源的技术越来越成熟，有些甚至已经成为普通农民家庭就可以应用的技术。秸秆转换为能源大体有以下几种形式：一是秸秆发电。作物秸秆热量较高，每 2 吨秸秆的热值就相当于 1 吨标准煤产生的热值，是一种很好的清洁可再生能源，可用于直燃发电，这需要购买一些专业的发电设备。二是秸秆生物燃油。将木屑、稻壳、玉米秆与棉花秆等多种原料进行热解液化和再加工，可变废为宝，将它们转化为生物燃油，替代柴油等石油能源。三是秸秆煤炭。以小麦秸秆与棉花秆、稻草、稻壳、花生壳、作物芯、树枝、树叶、锯末等农作物、固体废弃物为原料，经过粉碎后加压、增密成型，即可成为“秸秆煤炭”，这种煤炭具有环保节能、比重大、燃烧时间长、热值高、体积缩小便于燃烧、贮存和运输、应用范围广等优点，是国内新型的环保清洁可再生能源。四是秸秆气化。秸秆集中气化技术是利用一套机械装置，将秸秆进行缺氧燃烧并通过还原和裂解过程或者通过厌氧菌生物发酵，将秸秆中的大部分有机质转换为可燃气体，经过除尘、冷却和净化等工序后送至储气柜，再经由输气管道送到各户供炊事和取暖用。

27 尽可能在生产、生活中节约用水，该怎么做？

水是人类赖以生存和发展的重要资源之一，是不可缺少、不可替代的特殊资源。没有水就没有生命，就没有文明的进步、经济的发展和社会的稳定。我国水资源人均占有量只有 2300 立方米左右，约为世界人均水量的 1/4。随着我国社会和经济的发展，水的缺口也越来越大。因此节约农业生产用水和农村生活用水，很重要。

小故事　垦荒种地的苦果

20 世纪 80 年代初，安徽省梅村何小军的家乡周围布满了小池塘，有一条小河由村西向东流过，四季清澈透明。遇上好天气，乡亲们都喜欢沿着小河排成一大串在河边洗衣服，洗好后把衣服晒在草地上。每到夏日的夜晚，大家可以坐在这里乘凉，享受自然生活的乐趣。然而，最近10年的光景，村里有些人变得急功近利。他们四处开荒种地，认为在农村偌大的一个河滩，少一个河塘或多一个河塘也无所谓，于是一些人把池塘水放干，变成庄稼地，把草地翻耕、晾晒后，次年种庄稼。几年过去，小河断流了，草地不存在了，翻耕晾晒后的土地风吹日晒，不断扬起沙尘。就这样，一个载满绿色希望的河滩，就被垦荒种地狂潮瓜分完了。昔日的下游高产地如今也逐年减产，变成了旱地。更重要的是，村里打井引来的自来水，由于井水水位逐年下降，村委会开始限制村民用水，由原先的全天放水变成了现在的定时放水。村里怎么也没想到，缺水是因为没有合理利用水资源，没有节约用水。人为的破坏，已经使当地水环境付出了沉重代价。

目前我国农业灌溉每年平均缺水300多亿立方米，全国农村还有3000多万人饮水困难。农村节约用水的措施包括渠系的配套和渠道衬砌，以减少或避免漏水；推广喷灌、滴灌等措施，喷灌比传统的地区灌溉方法节水30%～50%，特别是渗透性较好的砂质土壤，能节约用水达70%，喷灌不仅能节约用水，还能提高产量。关于合理利用水资源，前面已给出了如何节约农业生产用水的办法，以下重点介绍生活节约用水的一些办法。

◎ 生活节约用水有窍门

厨房用水节约途径：清洗炊具、餐具时，如果油污过重，可以先用纸擦去油污，然后进行冲洗；用淘米水、煮面汤、过夜茶清洗碗筷，可以去油，节省用水量和洗洁精的污染；洗污垢或油垢多的地方，可以先用用过的茶叶包（冲过并烤干）沾点熟油涂抹脏处，然后再用带洗涤剂的抹布擦拭，轻松去污；清洗蔬菜时，先用淘米水洗一遍，再用清水清洗，不仅节约水，而且能有效清除蔬菜上的残存农药；不要在水龙头下直接进行清洗，尽量放入到盛水容器中，并调整清洗顺序，如：可以先对有皮的蔬菜进行去皮、去泥，然后再进行清洗；先清洗叶类、果类蔬菜，然后清洗根茎类蔬菜。

洗漱用水节约途径：洗手、洗脸、刷牙时不要将龙头始终打开，应该间断性放水。如：洗手、洗脸时应在打肥皂时关闭龙头，刷牙时，应在杯子接满水后，关闭龙头；没有自来水的，在洗手、洗脸时不要动不动就装满一盆水或一桶水来洗，适量即可；减少盆浴次数，每次盆浴时，控制放水量，约三分之一浴盆的水即可；水龙头使用时间长有漏水现象，用装青霉素的小药瓶的橡胶盖剪一个与原来一样的垫圈放进去，可以保证滴水不漏。洗脸水用后可以洗脚，然后冲厕所；沐浴时，收集使用过的水，用于冲洗厕所或擦地。

洗衣服用水节约途径：集中清洗衣服，减少洗衣次数；家里有洗衣机的要减少洗衣机使用量，尽量不使用全自动模式，并且手洗小件衣物；漂洗小件衣物时，将水龙头拧小，用流动水冲洗，没有自来水的，每次装少量的水，多洗一两次就行，并注意收集用过的水，可以作为下次洗衣的洗涤用水，或用来冲洗厕所或擦地；洗衣时添加洗衣粉应适当，并且选择无磷洗衣粉，减少污染。

其他用水：家中应预备一个收集废水的大桶，它完全可以保证冲厕所需要的水量；淘米水、煮过面条的水，用来洗碗筷，去油又节水。还可收集雨水，加以利用，不向河道、湖泊里扔垃圾，不乱扔废旧电池，防止对自然水资源造成污染。

28 尽可能节约用电，该怎么做？

节约用电，不仅是我们每一个人的责任和义务，日积月累还能为我们自己省出一笔不小的费用。一举两得，何乐而不为呢？下面为农民朋友介绍使用各类电器时节约用电的小窍门。

电视机。当使用电视机时，无论是彩色电视还是黑白电视，在不影响视听的情况下，亮度不要开得太亮，音量尽量关小。另外，不要频繁开关，对某些无交流关机功能的遥控彩电，关机后遥控接收部分仍然带电，且指示灯亮着，这将耗费部分电能，关机后应拔下电源插头。

收录机。收录机的节电方法首先是降低音量，其次是不要使用过紧、质量低劣的磁带。人离开时应停机，不用时要拔下电源插头，避免长期带电。

影碟机。影碟机停用时应拔下电源插头，因多数影碟机的电源开关不会全部切断电源，尤其是遥控关机。在使用中还应尽量避免频繁开关机及频繁倒、进碟片。不使用有损伤的碟片，以免耗电和损坏机器。

功放机。功放机节约用电的办法主要是减小音量，外接音箱的阻抗不可太小。避免多只音箱并联使用，尽可能减轻功放的负荷，以达到节电及保护机器的目的。

电冰箱。应注意电冰箱内的食物不要堆放得太满、过密，否则会阻碍冷气流通，造成冰箱不制冷。冰箱内存放的食物也不宜太少，如果冰箱内食品太少，会散失冷气，浪费电能。电冰箱应尽量减少开门次数和打开门的时间，不是无霜冰箱的应及时除霜。特别要注意定期给冷凝器除尘，以免影响制冷效果，浪费电能。

洗衣机。衣物应尽量集中洗涤。洗涤筒内所洗衣物应接近最大洗衣量，减少投放次数，提高工作效率。如果洗衣机已经使用了 3 年以上，发现洗涤无力时，应更换或调整洗衣机的电机皮带，使其松紧适度。每隔一段时间，应在洗衣机需要加油的地方加入润滑油，保证运转良好，达到节电的目的。

电饭锅。电饭锅是耗电功率较大的电炊用具。由于其保温性能特别好，用电饭锅煮食品时，当锅里的水开了以后，可切断电源，利用余热还可加热一段时间。如果饭没熟透可再一次接通电源。这样，断续通电可以节约用电 20% ～ 30% 左右。

电熨斗。使用电熨斗应尽可能将衣物集中熨烫，并根据不同的衣料选择相对应的温度控制点。如果您使用的是不能调温的普通电熨斗，还要掌握好温度，达到衣料所需温度时，应立即切断电源。

电风扇。电风扇电机的耗电量与负载大小（即电风扇的叶片大小）及电机所加电压的高低约成正比；电机所加的电压又约与转速成正比（详见电风扇的调速原理）。也就是说电风扇的叶片直径越大、转速越高，耗电量越大。在基本满足风量的条件下，应尽可能选用叶片直径较小的电风扇，宜长时间在中速档或低速档运行，才可以节省电能。

照明灯具。随手关灯、人走灯灭、避免“长明灯”；充分利用自然光，在自然光能够满足要求时，不要使用照明灯；家庭使用的照明灯具，应尽可能选用高亮度、小功率的节能灯具。目前推广的节能灯具，一般可节电20%～70%左右。但一定要使用正规厂家生产的、合格的高质量节能灯具，不可贪图便宜，以免给自己造成不必要的损失。

空调。空调器是家庭中功率最大，耗电最多的家用电器，农民家庭使用空调一定要注意节约用电。空调器的节约用电应注意以下几个方面：空调器对室内空气的调节无论是制冷还是制热，都是通过空调器室内机与室内空间的空气对流交换来实现的，因此室内机气流进出通道畅通与否，直接影响着室内空气调节的效率。为了达到良好的制冷或制热效果，必须保证空气对流交换的效率。在空调器使用中，要注意经常对进气口上安装的空气过滤网进行清洁，防止过滤网被灰尘阻塞而阻碍气流。应当尽量使空调器吹出的风直接到达所要调节温度的空间。空调器工作时，要注意调整好出风口中的气流导向叶片的角度，使风向正对着所要调节温度的地方，要注意移开空调器风口前方的阻碍气流的障碍体。尽量减少制冷或制热的需要量。空调器不用时要拔下电源插头，因为只要电源插头一插上，空调器的控制电路就接通电源而消耗电能，当用遥控器“关机”使空调器停机时，控制电路也仍然接通电源消耗着电能。另外，室外机的进气口或排气口被异物阻塞，也会严重影响空调器的工作效率。因此，空调器在使用中也应注意及时清除这些阻塞物。

所有家电都有一个“共性”，就是“爱干净”，所以要经常保持电器的清洁，这能为你省下不少电费开支。

29 希望日常饮食营养又实惠，该怎么做？

人类的寿命愈来愈长，除了有赖医学进步，也因为人们重视养生。“吃得好，住得好，心境开朗”，自然有助身心舒泰，长命百岁。因此大家对食物的要求早已超越单纯去满足生理上的需要。在中国广大的农村，人们生活物质条件日益提高，也越来越注重食品的营养。那么怎样才能做到饮食既营养又节约呢？

科学搭配，食物才最有营养。营养学家告诉我们，十大最佳营养食品，分别是番茄、菠菜、硬壳果仁、西兰花、燕麦、三文鱼、大蒜、蓝草莓、绿茶和红酒。除了三文鱼、蓝草莓、红酒这三样奢侈品以外，其他七样，在广大农村的生活中处处可见。可是，最有营养的产品，也要通过科学搭配，才能达到节约的效果。一是避免有害搭配。例如菠菜，能促进性功能，帮助肌肉成长，强化心脏健康与骨头生长，同时还能提高眼睛视力。菠菜还含有丰富的叶酸，可以帮助人体减少心脏病、中风的发病率。此外，菠菜还富含叶黄素，这种化合物可以对抗因年龄造成的人体退化。但菠菜与豆腐搭配，能形成草酸钙，既不利于人对食物钙的吸收，又有害肠胃消化，还可能产生肾结石；菠菜最适合与鸡蛋、芝麻搭配。二是避免单一搭配。例如有人想要获取足量的胡萝卜素，于是就将胡萝卜、黄菜椒、南瓜、红薯搭配做中餐。这是典型的单一搭配，会造成胡萝卜素过多，其他营养相对缺乏。一般而言，要实施荤菜与素菜多样搭配，才会营养丰富，例如一荤二素一汤的搭配或者二荤二素的搭配，才能使你体能充沛。三是学会多种颜色搭配。营养师指出，如果红黄绿白黑五色搭配，不吃荤菜也能营养丰富，体能充沛。例如：胡萝卜（红）、黄豆、黑米、茭瓜、小白菜（绿）搭配，即营养又省钱也节约。

腊鱼腊肉，食之应有度。每逢岁末，都会看到不少农家人的庭院里、厨房里挂满了各式各样的腊制品，一串串一排排，很是诱人，似乎在传递着新年的味道。作为中国农村每逢佳节必备的传统食品，腌制食品并未随着时代的变迁而销声匿迹，而是继续红火。但面对喜爱的腌制食品，我们要做到食之有度。腊肉含有丰富的磷、钾、钠等，具有开胃祛寒、消食等功效。但是腊肉含盐量高，人体摄入盐过多，可能加重或导致血压增高。腊肉含有亚硝酸盐，有明显的致癌性，如果再经过烟熏，其致癌性更高。腊肉的脂肪含量非常高，高血脂、冠心病患者食用过多会加重病情，长期食用这类食品，会对人体形成潜在危害。但只要通过科学烹饪，合理搭配食物，就可大大降低腊肉的危害。食用腊肉前最好在水里煮一下或者用热水洗涤，这样可以去除其有害物质。烹调时，蒸、煮、炒均可，避免油炸。食用腊肉时，可适当多配一些富含维生素C的新鲜蔬菜水果，如青椒、黄瓜、菠菜、橘子、橙子等，以降低其致癌性。孕妇、小孩、高血压、心脏病、消化道溃疡、肾脏病患者以及肥胖人士要少吃腊味。而且使用的量，人均一天最好不要超过四两。保存方法上，腌鱼肉、香肠要晒干，放在室外一两个月，然后封装好放在干燥处，有条件的要放入冰箱冷藏。头年年底腌制的鱼肉，到第二年夏天之前食用完为宜，不能存放过久。

剩菜剩饭，不宜久留。农村里，相对于一些年轻人大手大脚地浪费粮食，多数老年人会表现出另一种极端，就是剩菜剩饭热了好几遍，放了好几天也舍不得扔，但是剩饭剩菜对人体（特别是老年人）真的好吗？据调查，由于吃剩菜剩饭而导致胃肠道疾病发作的老年人很多，轻则头晕、心慌，重则呕吐、腹泻，有的还会因此而引发别的疾病。食品最好当天吃完，剩菜剩饭放久了或储存不当都会产生有毒物质。即使放在冰箱里也不安全，因为许多病菌在低温下照样繁殖。那么怎么妥善处理剩菜剩饭呢？要把握以下原则和方法：

剩荤不剩素，凉菜都别留。吃剩菜，人们常担心损失营养和不利健康。从这两个方面说，素菜都不及荤菜让人放心。剩菜常有亚硝酸盐过量的问题。亚硝酸盐本身有毒，在胃里与蛋白质相遇，会产生致癌物质亚硝胺。有数据显示，人体摄入的亚硝酸盐80%来自于蔬菜。做好的素菜在温度较高地方，放的时间一长，亚硝酸盐含量会有所增加。此外，素菜中的营养更容易流失。

这是因为一种食物中的营养素通常多达几十种，其中水溶性维生素，如维生素 C、E 都比较怕热。而蔬菜的营养价值恰恰体现在丰富的维生素上，因此重新加热的素菜，营养损失严重。食物中还有些不太怕热的营养素，比如说钙、铁等矿物质。这些营养素人们通常会通过鱼肉等荤菜摄取，因此热一回，营养损失不会非常严重。所以，无论是从营养还是安全的角度，都尽量不吃剩下的蔬菜。此外，需要提醒的是，凉菜不论荤素最好都不吃剩的，因为如果不经加热，其中的细菌不易被杀死，容易导致腹泻等不适。

储存，凉透放冰箱。剩菜并不是绝对不能吃，但必须家里有冰箱保存，而且一定要格外注意，凉透后应立即放入冰箱。晾凉再放是因为热食物突然进入低温环境，食物的热气会引起水蒸气凝结，促使霉菌生长，从而导致冰箱里的食物霉变。凉透后，要及时放入冰箱，即使在冬季，也不要长时间放在外面，因为冰箱有一定抑菌作用。不同剩菜，一定要分开储存，可避免细菌交叉污染。还需要用干净的容器密闭储存，如保鲜盒、保鲜袋，或者把碗盘附上一层保鲜膜。剩菜存放时间不宜过长，最好能在 5 ～ 6 个小时内吃掉。一般情况下，高温加热几分钟，可杀灭大部分致病菌。可如果食物存放的时间过长，产生了亚硝酸盐以及黄曲霉素等，加热就起不到作用。

回锅。除了合理储存，回锅加热也是保障健康的关键。剩菜在冰箱里储存，吃之前一定要高温回锅。因为低温只能抑制细菌繁殖，不能彻底杀死细菌。不同剩菜，加热也各有技巧：剩菜中，属鱼虾蟹贝最不耐放，即使在低温下储存，也会产生细菌，容易变质。所以，加热时最好再加点酒、葱、姜、蒜等佐料，这样不仅可以提鲜，还具有一定杀菌作用，能防止引起肠胃不适。与海鲜蔬菜相比，肉类比较不易产生亚硝酸盐等致癌物，但一定也要将其热透，最好加热 10 分钟以上。加热时，不妨加点醋，肉类富含矿物质，这些矿物质受热后，会随着水分溢出。这些物质遇上醋酸就会合成醋酸钙，有利于人体的吸收和利用。米饭、馒头等主食最好在第二天吃完，因为淀粉类食物容易滋生葡萄球菌和黄曲霉毒素。这些有害物质在高温加热下也无法被杀死。所以，如果两天还没吃完，即使看起来没变质，也不要再吃了。

翻新。上顿吃，下顿吃，没有了新鲜感，剩菜往往还容易被剩下。为了健康，上顿的剩菜，下顿一定要吃完，否则要坚决扔掉。在下顿如何吃，就可以充分发挥想象力，来个“剩菜大变身”了。肉类凉拌、炒菜皆可。酱牛肉、酱肘子等最简单的变身方法就是凉拌，可把肉切片与新鲜蔬菜、调味料一起拌匀；也可以与胡萝卜、芹菜等蔬菜同炒。还可把酱肉剁碎，与青椒丁、香菜末等拌在一起，加在烧饼里做成肉夹馍。如果家中有小孩，把酱牛肉拍散剁碎，加盐、糖、酱油炒成肉松佐餐也不错。煎炸鱼类，加热后往往口感又老又硬，其实可以加入彩椒、胡萝卜丁等重新红烧，以酱油和糖调味，就成了一道新菜。家里蒸米饭，一次容易多，剩饭除了炒饭、煮粥外，还可将其打碎，加豆腐和鸡蛋做成米糊豆腐羹。此外，米饭还可以与土豆、肉末等搅拌，做成干炸丸子。

30 节约使用煤炭与天然气，该怎么做？

农村做饭用的能源，从山上的木材、地下的煤炭到如今的液化气、天然气，变化真快。但当前各种能源的价格也涨得很快。对于农民朋友来说，如何节约能源，降低生活成本，是值得考虑的一件重要事情。

小故事　张大姐的疑惑

王村的李大姐和张大姐两家生活中使用的能源都是煤和液化气。可是，张大姐发现，同样买的 100 斤煤，李大姐家可多用很长时间。而液化气，李大姐两个月才换一次气，而她家一个月就要换一次。张大姐觉得很纳闷，难道李大姐有亲戚在这家液化气公司，每一瓶气比她家多加了些？难道李大姐用煤有什么新式方法？带着这些问题，张大姐去问了液化气公司的技术员。技术员告诉张大姐，人们在使用燃气的过程中，由于方法不同，有些家庭虽然条件类似，但每月的燃气用量却不同，多的甚至相差一倍，用煤也有节约的好办法。听了技术员一席话，张大姐明白了，二话不说径直奔李大姐家请教去了……

那么，怎样使用煤、燃气才能节约用量呢？

第一，正确选择燃煤、燃气灶具。选用优质灶具是节约燃气和确保使用安全的先决条件。使用燃气必须根据燃气种类选择灶具。目前家庭使用的燃气主要有 3 种：天然气（代号为 T）、人工煤气（代号为 R）、液化石油气（代号为 Y）。消费者在选购家用燃气灶时，应注意包装箱上的标记，选择与自家燃气种类相同的燃气灶具。购买时要选择符合新版家用燃气灶具国家标准的产品。从 2009 年 1 月 1 日开始，旧标准的燃气灶就已不允许在市面上销售，按照新标准推出的新品燃气灶具，具有主火功率大、安全、环保、节省气体资源等优点。不管是购买燃煤灶具还是燃气灶具都应选择经过有关部门鉴定和认可的正规产品，并且不能任意改变灶具零部件的尺寸及组装要求。

第二，好炊具能省煤和气。许多人认为节省煤、燃气与炊具无关，买炊具时都比较随意。其实，炊具尤其是常用的炒锅、汤锅，作为做饭烧汤的容器载体和导热工具，在提高能源利用效率方面起着不可或缺的作用。如果烧饭时不通风缺氧的话，煤或气就不能正常燃烧，化合物中的碳成分就会析出游离碳，积集在锅底就变成锅黑。锅黑不仅有碍炊具美观，对煮食环境造成污染，还严重影响日后热能的正常传递，白白浪费能源。所以除了要选购导热性好的炊具，平时应保持锅底干净。做饭或是烧水之前，应该先把锅、壶底部表面的水渍擦拭干净后再放到炉架上。这样可以使热能尽快地传到锅内，从而达到节约能源的目的。在做饭之前，应先抹干锅、壶等表面的水渍，再将这些容器置于火上，可以避免水分蒸发带走热量，使热量尽快传进锅内。

第三，确保充分燃烧。用户在使用家用燃气灶时，经常检查灶具燃烧状况，保持火焰的正常燃烧。正常燃烧的火焰呈浅蓝色，内锥轮廓清晰，火焰燃烧有力不发飘。当火焰出现黄火时，火焰软弱无力，表明一次空气量不足，用户可自行调节风门，加大风门开度；当火焰出现离焰或脱火时，火焰短而跳动，伴有噪音增大，表明一次空气量过多，此时应调节风门，调小风口，使火焰趋于正常。空气量过多或过少，都会使火焰出现不正常，造成燃气的浪费。大家在使用家用燃气灶时，应先调整风门，使灶具燃烧时的火焰为蓝色，清晰无连焰。只有这样，才能保证燃气充分燃烧，减少产生一氧化碳等有害气体。

避免烧“空灶”。做饭时，应事先把要做的食物都准备好，然后再做饭。如果是烧汤或是炖东西的话，则可以先用大火把它烧开，然后关小火，只要保持锅内滚开而又不溢出就行了。很多人做饭喜欢用蒸的方法，其实蒸出来的饭反倒不一定比焖出来的饭好吃，并且蒸饭所用的时间是焖饭所用时间的3倍。具体做法是：保持锅底干爽。煮面或鸡蛋时，用小锅，水开一分钟就关火，再加盖焖4～5分钟。炒菜时，开始下锅时火要大些，火焰要覆盖锅底，但菜熟时就应及时调小火焰，盛菜时火减到最小，直到第二道菜下锅再将火焰调大，这样省煤省气，也减少空烧造成的油烟污染。熬汤、烙饼用文火煮食物香，食物沸腾之后，可把火关小，保持微沸即可；蒸东西时，蒸锅水不要放得太多，水升温较慢，要先用小火，等水温升高后，再开大火烧省水又最大程度地节约了煤和气。煮东西时如果用高压锅，不需要一直开火到饭熟，可以达到高压就把火关小，到煮得差不多熟就提前10分钟关火，但不可立刻冷却打开，可以利用里面的热气继续煮熟食物，这不失为节约煤和气的好方法。

会烧开水也能省煤和燃气。有些家庭喜欢每天将家中所有的开水瓶灌满开水，而实际上又用不完，第二天倒掉。一瓶水，需要加热7分钟才能烧开，倘若能根据实际，减少每天多烧的开水量，其节省的煤和燃气就十分可观了。烧水时，水越接近沸点，需要的热量越大，消耗的煤和燃气就更多，所以，在烧热水时，不要将水烧开后再兑冷水，可直接将冷水烧至需要的温度，这样可节省燃料。具体做法有：(1)不要着急盖壶盖。夏季烧开水先不要盖壶盖，等水温与气温平衡后再盖。因为夏季气温高于水温，在不盖盖的时候，水可以与外部热空气进行热交换，吸收空气中的热量。在水温略高于外部空气温度时应及时盖上壶盖，防止水的热量散发到空气中去。烧水连续烧两壶，这样可节省烧第二壶水时加热水壶所需要的煤和燃气。（2）及时清理水垢。用过一定时间后，要及时清理水垢。水垢是热的不良导体，长时间不清除，等于是在水与壶壁之间筑起了一道隔热的石墙，这时烧开一壶水就要消耗更多的燃料。而且水垢中含有较多的有害金属元素，如镉、汞、砷、铝等，这些金属元素对人体健康危害极大。下面是几个有效除去水垢的方法：巧用苹果去水垢。水壶中放满苹果，盖严壶盖，一周后取出苹果，水垢会变软，用水冲洗即可，而苹果也会变得更甜。水壶煮山芋除垢。在新水壶内，放半水壶以上的山芋，加满水。将山芋煮熟。以后再烧水，就不会积水垢了。但要注意水壶煮山芋后，内壁不要擦洗，否则会失去除垢作用。对于已积满了水垢的旧水壶，用以上方法煮一两次后，不仅原来的水垢会逐渐脱落，并能起到防止再积水垢的作用。小苏打除水垢。用结了水垢的铝制水壶烧水时，放一勺小苏打，烧沸几分钟，水垢即除。煮鸡蛋除水垢。烧开水的壶，用久了积垢坚硬难除，如用它煮上两次鸡蛋，会收到理想的效果。醋除水垢，如烧水壶有了水垢，可将几勺醋放入水中，烧一两个小时，水垢即除。如水垢中的主要成分是硫酸钙，则可将纯碱溶液倒在水壶里烧煮，可去垢。口罩防积水垢，在烧水壶里放一只干净的口罩，烧水时，水垢会被口罩吸附。磁化，在壶中放一块磁铁，不仅不积垢，煮开的水被磁化，还具有防治便秘及咽喉炎的作用。

31 提高农业生产的土地利用率，该怎么做？

我国是一个人口占世界人口1/5的农业大国，13亿多人口，近9亿在农村，就那么一点可耕种的土地，要养活这么多的人口，可见土地在我国的重要了。因此，节约用地是一项迫切的任务。

小故事 立体农业好处多，节约用地收成好

家住夫子庙赵关村的赵大爷，带小孙子在田里种蔬菜。小家伙发现，红彤彤的，特别诱人，吃起来也很甜的小番茄下面有土豆。小孙子问爷爷，难道这是一株奇妙的植物吗？又可以结番茄又可以长土豆。赵大爷趁机教育孙子：是的。好好读书，学好本领，长大也能栽培神奇的植物。在土豆藤上嫁接番茄，有何秘方？土豆和番茄同为茄科植物，两者的亲缘较近，用土豆和番茄进行异种嫁接，得到地上部分结番茄，地下部分结土豆的植株，不仅可以增加单位面积产量，有效地提高土地的利用率，还可以增加其观赏趣味性。并且，在单位面积内，嫁接植株的总产量远高于单种番茄或单种土豆，综合效益几乎是翻倍的。比如说，用土豆和番茄嫁接，平均单株产量比单种番茄，少收番茄 369 克，却收获 487 克土豆，比单种土豆，少收土豆 85 克，却收获 2438 克番茄。另外，立体蔬菜可做阳台景观。除了节约用地，增加亩产量外，还可以作为景观蔬菜，放在农民家的阳台上种植。

立体农业是在单位面积土地上（水域中）或在一定区域范围内，进行立体种植、立体养殖或立体复合种养，并巧妙地借助模式内人工的投入，提高能量的循环效率、物质转化率及第二性物质的生产量，建立多物种共栖，多层次配置，多时序交错，多级质、能转化的农业模式。立体农业利用的是生物间的相互关系，兴利避害，充分利用空间把不同生物种群组合起来，多物种共存、多层次配置、多级物质能量循环利用的立体种植、立体养殖或立体种养。在我国的土地资源尤其是耕地面积不断减少的情况下，通过发展立体农业既可以节约土地又可以增加农民朋友的收入，实在是一举两得。

如何实现立体农业呢？在农业结构调整中，要改革原有的种植模式，可

通过开展立体种植的方法来实现土地节约。如，进行水田养殖、在果园间隙种植粮食作物、在玉米地里套种大豆等方法来提高农地的使用效率，从而实现农业结构调整中的土地节约。举个简单的例子，地下长土豆地上挂番茄。树上明明挂着的是番茄，可扒开土壤，冒出的却是土豆。值得注意的是，立体农业关键在技术，技术的关键在嫁接。所以农民朋友们，要想种好立体农业，要多学习，多向相关技术人员请教。

小故事 土地流转，利人利己

最近，山西和顺马坊乡西河村村民张二扣每天都要到自己新盖楼房工地上去干活，看到楼房一天天的盖起来，看到隔壁家二强三兄弟在无私地帮他盖房子，他是打心眼里高兴呀！盖了新房，真高兴啊，现在他逢人就讲不能浪费土地，自己种不了，就让别人种。这是怎么回事呢？原来，张二扣是村里有名的老实人，身体不是很好。他有两个儿子，10亩地，过去他的儿子常年在外打工，家里只剩他和老伴俩人，10亩多地只能尽力去种，实在种不了就只有荒着，有时连2亩地都种不了。这是没有办法的办法。可是，他家地荒着，邻居二强家人口多，劳动力多，却没有足够的土地。为此，二强找到二扣叔，想借他地种。张二扣媳妇认为，你二强种了还会还给我们呀！二扣又是一个人家拿了他的东西都不敢去要的人。所以张二扣媳妇一直不肯。结果两家人关系很紧张。张二扣的儿子听说后，回家做了他妈妈的工作。好说歹说，张二扣媳妇终于同意了。二强借了地，采用科技方法种植了经济作物，收入提高得很快。“吃水不忘挖井人”，逢年过节，二强都会带上厚礼感谢张二扣夫妇。两家人关系又重新好了起来。这不，二扣家盖房子，二强三兄弟好像是自己家的事一样。

近年来，由于经济的快速稳定发展，改革开发的进一步深入，各种形式的企业如雨后春笋般地在中国大地上拔起。大量城市建设、轻工业、服装业等需要大量体力劳动力，这必然导致城市劳动力的短缺，那么只能向城市周围寻找更多的劳动力，农村自然就成了首选目标。同时农业生产资料价格却迅速上升，农药、劳动力成本也在涨，根据计算去除成本获得的纯收益根本不够生活、教育、医疗等支出。因此农民必须找到另一条可以增加收入的途径。所以每年青壮年农民外出打工的人数呈几何数增长，只剩下老幼妇孺人等，由于无力从事耕作，土地被弃荒废的现象愈演愈烈。家里自留地空闲下来，根本没人种，杂草横生；有些良田里也没有种庄稼，而是种几棵树了事。要怎样解决这个现象，达到节约用地的效果呢？张二扣的故事告诉我们，要想节约用地，还可以在自己忙不过来，家庭人手不够的情况下，把土地以无偿或租赁的形式给别的人家种无疑是一件非常好的事情。

32 提高废物利用效率，该怎么做？

小故事 无用的茭白叶摇身变作艺术品

一斤茭白就会产生 1.5 斤茭白叶，崇明堡镇和青浦练塘在茭白的采收季节，成千上万捆新鲜的茭白叶总量竟达 7.5 万吨。扔到河里？污染水质；随意焚烧？污染空气。在青浦区练塘镇低洼田种植茭白的黄晓明会告诉你，他家的茭白叶在晒干后统一被一家工艺品制造工厂回收，原本再平凡不过的叶子经过工人的巧手编结，并辅以竹子、线绳等装饰品，摇身一变，竟成了出口日本、韩国的精美艺术品，你若要问价格，一件折合人民币就要五六十元！这类工艺品在日韩等地主要用作新年里的吉祥饰物和“鬼节”时的祭祀用品，加上多为一次性使用，所以市场需求很大，生产茭白叶工艺品的工厂净利润可以达到每年800万～1000万元。黄晓明也因茭白叶有了一笔额外的收入，而且工艺品制造工厂还帮助解决了他三个孩子就业的问题。现在，别提他们一家有多高兴了。

秸秆、玉米芯、畜禽粪便、废弃农膜，一提到这些废弃物，人们的直观反应往往是没有使用价值的“垃圾”，以往都会被随意丢弃，或者焚烧了事，还造成了环境的二次污染。其实，这些废弃物中，有不少是被叫错了名字、放错了地方的资源，有很多利用价值。可以说，在“科技”的眼中没有废物。上面茭白叶的例子告诉我们，许多农业废弃物仍然是“宝”。农民朋友们换一种思路，把废物利用好，既能美化环境，又能增加收入，可谓一举多得。想懂得废物利用的一些窍门，怎么办？

多学习，掌握废物利用知识。全国基本实现村村都有“农家书屋”。农民朋友们可到农家书屋找找有关生活、生产废物利用的小窍门的书籍。有条件的，还可以上电脑查查这方面的小知识。农民朋友们还可请教农村技术员，结合当地实际，对生产中的废物加以合理利用。

农业“废物”利用技术可以很广泛。这里着重介绍植物纤维性废弃物资源化利用技术。秸秆等植物纤维性废弃物退还土壤后，可以大量补充和更新土壤有机质，提供丰富的氮、磷、钾、硅等元素。或是采用生物工程手段，将秸秆、木屑等农业植物纤维性废弃物加工变为微生物蛋白产品，其应用的微生物包括细菌、酵母菌及微型藻类，发酵主要有液体发酵和固体发酵两种方式。或是通过青贮处理可以使原来粗硬的秸秆软熟化，增加原料的营养价值和可消化率，是牲畜的好饲料。

气化技术。气化是指含炭物质在有限供氧条件下产生可燃气体的热化学转化。农业植物纤维性废弃物被点燃时，供应少量空气，并且采取措施控制其反应过程，使其变成可燃气体，生物质中大部分能量都被转化到气体中。气化后的可燃气体可作为锅炉燃料与煤混燃，也可作为管道气为城市居民集中供气；还可以取代汽油或柴油，或者用来发电。

固化技术。固化就是利用农业植物纤维性废弃物可生产纸板、人造纤维板、轻质建材板等包装和建筑装饰复合材料。如以硅酸盐水泥为基体材料，玉米秆、麦秆等农业废弃物（经表面处理剂处理后）作为增强材料，再加入粉煤灰等填充料后可制成植物纤维水泥复合板；以石膏为基体材料，农业植物纤维性废弃物为增强材料，可生产出植物纤维增强石膏板，是一种较好的装饰材料。

制取化学品技术。植物纤维性废弃物为原料制取化学制品，也是综合利用农业废弃物，提高其附加值的一种有效方法。如甘蔗渣、玉米芯、稻壳等中含有1/4～1/3的多缩戊糖，经水解可制得木糖；甘蔗渣、木糖醇渣、玉米芯、稻壳、果壳等经过炭化、活化后可制成性能很好的活性炭；稻壳可作为生产白炭黑、碳化硅陶瓷、氮化硅陶瓷的原料；秸秆、稻壳经炭化后可作为钢铁冶金行业金属液的新型保温材料；麦草经常压水解、溶剂萃取反应后可制得糠醛，水解后的固相残渣还可造纸。另外，用甘蔗渣、玉米渣皮等可以制取膳食纤维。另外，农业植物纤维废弃物还可作为治理污染的材料，如甘蔗渣经化学改性后可迅速吸附废水中的酸性物质；利用棉秆皮、棉铃壳等含有酚式羟基化学成分的废弃物经过简单的化学处理后，可制成聚合阳离子变换树脂，对重金属有明显的吸收作用。

农村生活废物利用途径可以很多。下面，给大家介绍几种平时常用到的废物利用技巧。自制简易拖鞋。将穿破、旧了的厚泡沫凉鞋底剪下，用灯心绒或平绒布裁成拖鞋面，再用旧毛毯或旧呢衣料裁成拖鞋面的里子，然后用缝纫机缝成一个带夹层的拖鞋面。最后把旧泡沫鞋底放进夹层里，用线缝结实，再裁一双鞋垫铺在里面，这样一双简易实用的拖鞋就做成了。用旧衣物制作脚垫。用不穿的厚呢子衣服剪成方形或椭圆形，在上面附上一块旧的腈纶衫把二者贴牢或者缝在一起即可，这样一块精致的脚垫就做好了。它的作用是吸附我们脚上从室外带回的尘土，放在房门外很有效果。制作起来也很方便，可以根据自己的个人喜好做成各种图案。用鞋盒制作杂物收纳盒。找出比较结实的鞋盒，用来装小杂物，非常实用。泡沫塑料网罩代替抹布。泡沫塑料网罩质地柔软，用它擦拭家具、锅灶等，不会擦伤物品。废报纸擦玻璃光亮无比。先在报纸上喷些水汽，然后仔细擦拭，最后用干报纸再擦拭一次，即可使玻璃光亮无比。旧的尼龙伞面可制作手提袋。其制作方法是：先将旧伞衣顺缝合处拆成小块（共 8 片）洗净、晒干、烫平。然后用其中 6 片颠倒拼接成长方形，2 片做提带或背带。拼接时，可根据个人爱好和伞衣图案，制成各种各样的提式尼龙袋。最后，装上提带或背带，装饰各式扣件即成。废牙刷制挂衣钩。废牙刷去掉刷毛，将牙刷头部置于 1 杯开水中，待其软化后，迅速用手将牙刷柄弯成钩（冷却变硬后再松手），然后钉在适当的位置，就可成挂衣钩了。废瓶盖去鱼鳞既快又安全。将五六个啤酒瓶或饮料瓶盖，交错地固定在一块木板上，留出把手，用它来刮鱼鳞，既快又安全。巧用废瓶子。制小喷壶：有些饮料瓶的色彩鲜美，丢弃可惜，可用来做一个很实用的小喷壶，用废瓶子做小喷壶时，只要在瓶子的底部锥些小孔即可。制量杯：有的瓶子（如废弃不用的奶瓶等）上有刻度，只要稍加工，就可利用它来做量杯用。做擀面杖：擀面条时，如果一时找不到擀面杖，可用空玻璃瓶代替，用灌有热水的瓶子擀面条，还可以使硬面变软。制漏斗：用剪刀从可乐空瓶的中部剪断，上部即是一只很实用的漏斗，下部则可作一只水杯用。制筷筒：将玻璃瓶从瓶颈处裹上一圈用酒精或煤油浸过的棉纱，点燃待火将灭时，把瓶子放在冷水中，这样就会整整齐齐地将玻璃瓶切开了，用下半部做筷筒倒也很实用。单丝袜装肥皂头。香皂、肥皂用得差不多了，剩了个头儿，扔了可惜。破了个洞的单丝袜子，穿不了了，把它们两个综合一下，把用得差不多的香皂、肥皂头儿装进去，既可以拿来直接刷瓷盆儿，也可以用来洗袜子，沾了水揉出沫来用刷子沾了刷鞋、刷书包又省肥皂又好用。

PART 保护环境人人有责

相较于城市，农村的自然环境遭受的破坏相对较小，因此更应珍惜。本章设计的问题涉及农村能源、农业生产、农民饮食等诸多方面，阐述了环境保护在农村各个方面的表现，引导农民在生活生产的各方面增强环保意识，提高环保水平，营造宜居的生态环境。

33 做好居住环境绿化，该怎么做？

绿色植物能够吸收二氧化碳，制造氧气，调节温度和湿度，保持水土，吸附有害气体和悬浮污染物，是人们生产生活中免费治污的功臣。绿色植物还是生态圈的第一生产者，能以叶、花、果、材提供大量的农业生产和生活资料。所以，绿化你的居住环境，利国、利民、利家、利己，是件大好事。

小故事 绿色之家的喜和忧

大塘村村民王大勇家庭条件比较好，这两年来家里十分注意绿化，庭院四周都栽满了高大的常绿树木，有的还是高价买来的外地名贵树种。王大勇家一年四季都绿意盎然，密不透风，鸟鸣声声，村民们都对这个天然的“绿色之家”赞不绝口，远在县城的许多人也闻讯前来参观。但就是在这两年，王大勇家里的老人孩子时常感冒发烧，大家都十分奇怪，这是怎么了。请专家来看过以后，发现屋内过分阴凉潮湿，通风不好。专家建议王大勇家对家里栽种的树木进行合理调整。采用专家的建议后，王大勇家更加敞亮了，家人经常生病的现象也消失了，连续多年被评为镇里的文明家庭。

◎ 绿化居住环境有讲究

中国传统民居环境讲究坐北朝南，背山面水，通风采光良好，这样对人体健康最为有利。一般来说，向南朝阳的部分，应该种植落叶乔木，以便冬天晒太阳，夏天遮荫。向北迎风的部分，应该种植常绿的树木，以便冬天阻挡寒风吹拂，这样冬暖夏凉，四季皆宜。树木之间要求疏密适宜，互相不干扰生长，有利于通风，防止致病微生物和污染物的聚集。夏天为防止西向和东向的阳光暴晒，可在东西两面墙上栽种爬山虎，可以起到美化房屋，降低室内温度，节约空调电扇使用的环保低碳效果。

庭院绿化讲究因地制宜。各地农村居住环境绿化都应根据实际情况种植当地常见的乡土植物。乡土植物适应性强，病虫害少，价格便宜，基本不需太多的前期投入和后期管理。适合北方庭院的乡土植物有石榴、山楂、酸枣、榆叶梅等，适合南方庭院的乡土植物有各种柑橘类植物和梅花、腊梅花、桂花等。农民朋友如果没有特殊经营的需要，不赞成盲目种植未经驯化或驯化程度不高的外地名贵树木，因为这样的树种需要大量前期投入和后期维护管理，经济和劳动成本大。在栽种或者移栽树木的时候最好选择春季的阴雨天，这样有利于移栽树木的存活。一般都可选择在 3 月 15 日植树节到 4 月 5 日清明节之间植树，既为身体力行过植树节，又可移风易俗，与时俱进，以种植修剪树木的新习惯代替烧香拜坟焚化纸钱祭奠先人的旧风俗。

树种搭配方显四季常青。农民朋友在绿化居住环境时，要注意树种的搭配和功能的区分。房间内部可种植盆栽的吊兰和仙人掌等以净化室内空气，庭院内部应种植能释放大量抗生素和高效制造氧气的小乔木树种如石榴、丁香和木芙蓉等，这样有利于人体健康。某些树种容易长虫如槐树，或者大量释放花粉毛刺造成人体过敏如法国梧桐等，或者长得过分高大而不利于管理如柏树等，这样的树木应种植在公共用地上面，以免对农民朋友的日常居住造成不良后果。有些树木如夹竹桃的花和叶子有毒性，不宜种植在庭院中，以免小孩或家禽家畜误食中毒。庭院内部种植的小乔木和灌木也应合理区分栽种区域和空间，以免互相干扰。

◎ 绿化居住环境还需“四个注意”

一是注意保护建筑墙体。爬山虎的触须会分泌一种有机酸类物质以利于攀爬固定，二三十年下来，对墙体会造成一定危害。打算在东西两墙种植爬山虎的农民朋友们，在种植之前最好用砂浆将墙壁涂抹一层，这样即便今后爬山虎爬满墙壁也不会对墙体造成危害。

二是注意及时清除落叶和鸟粪。落叶乔木的落叶要及时清扫，可在树根下堆积成绿肥使用。不提倡焚烧而造成浪费和空气污染。栽种的树木多了，鸟类也可能会在树上聚集。鸟粪中含有鸟类大量携带的各类已知和未知病毒，其中很多是导致人畜流行性感冒和肺炎的致病病毒。因此，要注意及时清扫鸟粪以免造成人畜传染。

三是注意绿化的经济用途和文化情调，使综合效益最大化。比如家居庭院比较大的农民朋友，可以按照传统文化中的“前庭桃李杏，后院松竹梅”的格局发展小型庭院经济或者开设农家乐休闲庭院。桃、李、杏都属于蔷薇科植物，栽种在一起有利于互相授粉提高产量，这样绿化、赏花和采果一举三得。松竹梅俗称“岁寒三友”，也有一定的经济实用价值。同时，东西两面也可以栽种葡萄或其他经济作物。这样整个庭院就成了一个小型的果木基地和农家休闲乐园。

四是注意与整个村落的绿化总体协调。就整个村落而言，如果相邻的几处房屋都处在平地上，那就要求前面房屋的北面也要种植落叶乔木或者常绿灌木，不能遮挡后面房屋的采光通风。如果相邻的几处房屋都处在朝南的坡面上，那也要注意不要使前面房屋的北面所种植的常绿树木长得太高，从而遮挡后面房屋的采光通风。庭院内部的树种、公共道旁树种、公共用地树种、经济林树种、生态保留地树种和环境污染监测树种要保持生态多样性与合理性的划分。总而言之，要综合协调，合理分配，使整个村落的绿化环境达到最优效果。

34 发现城市垃圾流向农村，该怎么做?

近年来，由于城镇化快速发展、城市的扩大、生活的提高、物质的丰富，城市生活垃圾激增。由于城市垃圾处理能力相对不足，不仅严重影响城市环境和社会稳定，同时还殃及到了农村的山山水水。有的城市垃圾处理承包给了一些在农村的私人企业或个人，偷偷地把城市垃圾倒在农村的荒山荒地上，给农村、农民的生存环境和身心健康带来不利的影响。面临城市垃圾流向农村，农民朋友应采取切实的行动来维护自身的合法权益和保护家乡的秀美山水。

小故事 城市垃圾坑苦幸福村

幸福村过去是一个山清水秀的小村庄，以当地优良品种的苹果闻名于全国。该村的土壤特别好，井水特别甜，空气也特别新鲜，生活在这个村庄的男女老少个个身体健康，心情愉快，过着改革开放以来最幸福的日子。打从2010年年底，该村发生了一件不愉快的事情，不少村里人感觉身体都不太舒服，心情也就很不愉快了。原来，该村村民张其富和村头王家和合伙，在城里承包了垃圾处理的活，每年的承包费不足以开展无公害处理，只好先拉到村头一边空地上。很快，村头老王家附近堆起了一座垃圾山，每天都有好几辆货车开到村头，每次都卸下一大堆各种各样的城市垃圾。半年过去了，村民们陆续发现，自己家中的苹果树结果后开始腐烂，地下水也开始变色变味，庄稼也减产，空气中经常有刺鼻的气味，村里的老人小孩经常大面积患上呼吸道传染病。大家都对老王家意见很大,老王家无奈地说,“城里的垃圾只要几天不清理，城里人就开始闹，没办法”。村民更加气愤，“城里的垃圾拉到村里来一倒了之，我们农民却不得不天天守着垃圾堆，闻着刺鼻的气味，难道我们农村的人就低人几等？”大家好几次组织起来去拦截运垃圾来的车辆,差点闹出人命。最后在县里有关部门的干预下，将垃圾转移到离村较远的山沟里，才将事情平息。

上述例子,在当前农村地区有一定的普遍性。由于我国城市化发展迅速,城市垃圾剧增，而城市本身的垃圾处理能力远远跟不上。因此，很多地方的城市为了迅速处理城市垃圾，便把城市垃圾转移农村当成了一条垃圾处理的捷径。在城市垃圾非法无序流入农村的问题上，广大农民朋友们要加强环保观念，勿贪图小利，突破“各人自扫门前雪，莫管他人瓦上霜”的狭隘观念，要联合起来积极与破坏农村公共环境的不良行为作斗争。农民朋友应通过村民自治组织和各级政府，依照相关法律法规维护权利。农民朋友们如果发现城市垃圾流向农村，可以采取下面一些行动来维护自身的合法权益和保持家乡的秀美山水不被污染。

一是向有关环保执法部门反映，通过村集体组织和各级政府进行积极干预，要求公平处理，制止农村的公共环境遭到非法侵害，确保农村公民的健康生存权以及农村、农业可持续发展权利不受城市垃圾污染事件的干扰。

二是评估污染损失，明确责任人，向乱倒城市垃圾者讨回公道。农民朋友可通过村民自治组织邀请权威部门进行污染损失评估，然后通过正当渠道和程序向往农村乱倒城市垃圾者提起诉讼，提出赔偿要求。

三是采取果断措施，制止继续流入。农民朋友们应该联合起来，通过村集体组织或各级政府，禁止任何个人与城市垃圾搬运者建立私下的合作关系，已经建立了私下合作关系的，必须立即中止这种关系。

四是采取企业化经营的方式来避免城市垃圾无序流入农村。在自身经济实力与管理经验都具备的情况下，在城郊结合部条件适当的地方，农民朋友可以单独或联合起来建立垃圾处理企业，争取在经济上和环保上互利双赢。

◎ 城市垃圾无害化处理宝典

如果因为种种客观原因，政府决定必须在你的村庄附近建立城市垃圾处理中心，那么农民朋友有权提出一些无害化处理垃圾的条件，维护自己的利益。可以要求政府部门执行国家《环保法》，借鉴使用目前国内外广泛采用的垃圾无害化处理方式：

一是填埋分解法：将垃圾填入已预备好的坑中盖上压实，使其发生生物、物理和化学的变化，分解有机物，达到减量化和无害化的目的。这一措施容易使大量垃圾污水由地表渗入地下，容易对农村环境和地下水源造成严重污染，因此只适合处理长期难以分解不排放毒素的固体垃圾。

二是焚烧发电法：焚烧法是将垃圾置于高温炉中，使其中可燃成分充分氧化的一种方法，产生的热量用于发电和供暖。这种方法的最大弊端是在焚烧垃圾时产生剧毒的二恶英气体，因而只有对焚烧产生的有毒有害气体进行一系列的处理，该方法才能实现环保。同时焚烧处理的前期投入较大，建设一个日处理垃圾 1000 吨的焚烧炉及附属热能回收设备，大约需要 7 亿～ 8 亿元人民币。而且中国的城市垃圾含热量较低，平均运行成本远高于国外同类型的垃圾焚烧发电设备。在农村地区处理城市可燃垃圾，可以考虑添加含能量较高的农村垃圾混合使用以提高燃烧效率和热能。

三是堆肥法发酵法：将含有机物较高的城市生活垃圾堆积成堆，保温至 70℃并储存和发酵，借助垃圾中微生物分解的能力，将有机物分解成无机养分。经过堆肥处理后，生活垃圾变成卫生的、无味的腐殖质，既解决了垃圾的出路，又可达到再资源化的目的，但是生活垃圾堆肥量大，养分含量低，长期使用易造成土壤板结和地下水质变坏，所以堆肥的规模不宜太大。有条件的农村地区也可使用大型沼气生产系统集中大量处理城市有机垃圾。

四是资源化处理：通过技术精细化建设，对运转农村地区的城市生活垃圾进行合理分类，然后根据分类垃圾的不同性质分别采用适宜的方法处理，使不同种类的垃圾均能加以利用，从而真正做到转运到农村地区的城市垃圾的减量化、无害化和资源化。

35 防止农村生活垃圾污染环境，该怎么做？

随着农村经济的快速发展、农村生活水平的提高，生活垃圾对农村环境的影响不断扩大，造成农村环境污染日趋严重。农民朋友们在日常生活中不可避免地要产生很多生活垃圾，如果不善加处理，很可能会污染环境，导致人畜病患。如何处理这些生活垃圾，对农民朋友们来说是一个关系到生活环境的很实际的问题。养成良好的生活习惯、爱护环境卫生，减少垃圾排放，进行垃圾分类处理，关注和改善生存环境，是每一个有觉悟的农民应当去做的。

农村生活垃圾主要是厨余、清扫物和农业种养废弃物，其中易降解的破布纸屑、果菜屑、树枝树叶和各种秸秆禽畜粪便等有机物居多；污染较大，难以降解的塑料、废橡胶、陶瓷、废玻璃、砂石、砖瓦、金属工业品废弃物较少。农村生活垃圾的特点是，可回收与不可回收、可分解与不可分解、有害物品与无害物品的垃圾混为一体。而且由于农村人口居住分散，且大多数的农村没有固定的垃圾堆放处和专门的垃圾收集、运输、填埋和处理系统，各类垃圾很难得到统一集中处理。农村严重的生活垃圾问题，影响了社会主义新农村的面貌，对农民的生活环境和健康也造成了直接威胁。

小故事 农村生活垃圾分类回收好处多

正在江西全面推广的农村垃圾无害化处理“3 + 5”模式初步破解了农村生活垃圾处理的难题。所谓“3 + 5”模式，“3”是指 3 个主体：农户（分类主体）、保洁员（回收处理主体）、理事会（管理主体）。“5”是指 5 种垃圾的 5 种处理方法：沤肥垃圾（湿垃圾）入沼气池（沤肥窖）做投料（沤肥）处理、干垃圾回收利用处理、有毒有害垃圾封存或入高科技焚烧炉焚烧处理、建筑垃圾填坑铺路处理、其他垃圾入土灶做燃料处理。“3 + 5”模式在江西许多县市的实际应用中都取得了突出成绩，黎川县就是比较成功的一例。

在黎川县德胜镇黎明村下梁村小组，每间农房之前，都放着灰和绿两种垃圾桶。灰的放湿垃圾即厨房废弃物等有机垃圾；绿的放干垃圾即塑料、废纸等无机可回收垃圾。每天，村民们会将自家屋内所产生的垃圾分门别类放好。在村旁的垃圾分拣棚里，里面放着许多垃圾桶和蛇皮袋，它们分工很细，分别装塑料、纸壳、玻璃、旧衣物等垃圾。这个棚子的主人每天拉着板车，走家串户去把村民的垃圾桶清空，把垃圾拉回来，然后分门别类地分拣，能回收的塑料、金属等收好卖钱，不能回收的有机垃圾倒入垃圾分拣棚前的沼气池，而电池等有害垃圾则专门收好。汤兴华是黎川县再生资源回收处理中心的老板。每天，汤兴华去各个村收集垃圾，拉到再生资源回收处理中心。经过再次分拣，能够回收的物品都会回收，回收不了的，通过县里垃圾焚烧炉作无害化处理，电池等有害垃圾则存入封存窖中封存。这就是黎川县农村清洁工程的链条。据了解，以黎川县目前的财力，处理农村垃圾单靠政府的力量是行不通的，仅保洁员队伍、垃圾清运车的运转每年就需数百万元资金，而这个链条调动了政府、农民、保洁员、市场等各方面的力量，以最小的成本取得了最好的效果。

生活富裕起来的农民朋友，开始为自家门口的垃圾污染而犯愁，这也表明农民朋友环保意识在增强。上面故事中由企业家主导，政府支持引导，农民配合，专业人员服务和市场多方互相结合的垃圾无害化经营模式值得推广。总体来说，当前广大农村地区科学处理农村生活垃圾的行为还不普遍，当你周围面临垃圾影响环境时，一定要高度重视，可以向村委会提出好的建议，或请求政府的帮助。同时，农民朋友自己要养成良好的生活习惯，切实减少自己的生活垃圾对环境的污染。下面提供一些有针对性的措施：

一是养成良好的生活习惯，尽量少制造生活垃圾。农民朋友要首先自觉培养环保意识，不要随意丢弃农药瓶和各类包装物，尽量重复利用，尽量不使用一次性包装袋包装物，不随意堆放垃圾，培养讲卫生、爱清洁、防疾病、保健康的良好习惯。

二是生物降解发酵处理垃圾。对于有机质含量较高，产量不大的农村生活垃圾如食物垃圾、农业种养殖废弃物，可采取就地浅埋法，利用微生物进行自然分解。农户也可建立小型沼气池，处理有机质含量较高的农村生活垃圾。

三是搞好垃圾分类处理。科学合理地分类，实现废物利用最大化，是实现垃圾减量化、资源化、无害化的前提。农民朋友应将农村生活垃圾中的菜叶等有机物质进入沼气池或养殖过程，真正地循环利用；塑料、金属和陶瓷等难以自然分解的废弃物进行收集另行处理；能回收的垃圾要注意收集起来送回收站处理。

36 防止化肥、农药污染环境，该怎么做？

随着我国农业技术发展的日新月异，化肥和农药投入不断增加，成为农业增产和防治病虫害的重要手段。但是大量投放化肥和农药，也会带来相当多的副作用，如土壤板结，地力下降，病虫害抗药性增加，天然益虫被消灭，不得不依靠更多的化肥和农药投入才能维持既有产量，如此陷入恶性循环，使得农业整体生态系统失去平衡，各种自然灾害更加频繁。对此，需要引起农民朋友的重视，并积极采取行动减少化肥、农药的污染。

小故事 有机蔬菜带来的致富机会

狮子村是中国南方一个自然条件较好的村庄，距广州市大约 100 公里。该村 35 岁的村民吴三更，起早贪黑地种菜 10 多年，用惯了农药和化肥，对市场上的化肥和农药了如指掌，遗憾的是，由于种菜收入增长赶不上种菜成本的攀升，没能挣到多余的钱。他很不服气，却一时没有办法。前年，镇上办起有机蔬菜技术培训班，他报名参加。从下乡送技术的专家那里学习和掌握了生物治虫技术和有机蔬菜生产技术后，他决定改变种菜方式，并承包了20亩地，大面积种植有机蔬菜。他购得能吃虫子的微生物种群，经多次试验后获得了成功，并同附近养猪大户签订沼气渣购买优惠协议，这样，他当年仅农药和化肥两项就节约成本35%。2009年他扩大种植面积至50亩，由于他的有机蔬菜在当地有了名气，很快与广州市的十大超市形成了“农超对接”；2010年，他用有机肥料生产的“有机蔬菜”经过香港出口到欧洲，创汇超过10万欧元（约100万元人民币）。吴三更不用农药和化肥也能致富的故事在狮子村周围迅速传开来。吴三更不满足现状，他将自己研制的微生物农药入股，带领全村和周边村的乡亲创立起有机蔬菜种植合作基地，更大范围使用生物治虫技术。

◎ 了解化肥、农药污染的途径和危害

农业生产过程中过量使用化肥和农药，容易造成大面积的污染。化肥污染是农田施用大量化肥而引起水体、土壤和大气污染的现象。农田施用的任何种类和形态的化肥，都不可能全部被植物吸收利用。化肥利用率，氮为30%～60%，磷为2%～25%，钾为30%～60%。未被植物及时利用的氮化合物，若以不能以被土壤胶体吸附的NO_3-N的形式存在，就会随下渗的土壤水转移至根系密集层以下而造成污染，可导致河川、湖泊和内海的富营养化；土壤受到污染，物理性质恶化；食品、饲料和饮用水中有毒成分增加。

农药施用后，一部分附着于植物体上，或渗入株体内残留下来，使粮、菜、水果等受到污染；另一部分散落在土壤上（有时则是直接施于土壤中）或蒸发、散逸到空气中，或随雨水及农田排水流入河湖，污染水体和水生生物。农产品的残留农药通过饲料，污染禽畜产品。农药残留通过大气、水体、土壤、食品，最终进入人体，引起各种慢性或急性病害。

◎ 懂得几种防止化肥、农药污染的方法

一是使用绿色农业技术提高肥效。绿色农业技术要点在于培养和种植固氮菌作物。固氮菌大体有两类：一类是共生固氮菌，在与植物共生的情况下才能有效地固氮，固氮产物氨可直接为共生体提供氮源。主要有根瘤菌属的细菌与豆科植物共生形成的根瘤共生体，弗氏菌属（一种放线菌）与非豆科植物共生形成的根瘤共生体。豆科植物根部在根瘤菌的刺激下迅速分裂膨大，形成“瘤子”，为根瘤菌提供了理想的活动场所，还供应了丰富的养料，让根瘤菌生长繁殖。根瘤菌又会卖力地从空气中吸收氮气,为豆科植物制作“氮餐”，使其枝繁叶茂。根瘤菌生产出来的氮肥不仅满足豆科植物的需要，还可以分出一些帮助“远亲近邻”，储存一部分给“晚辈”，所以农村历来有种豆肥田的习惯。还有一类固氮菌，如圆褐固氮菌，它们不住在植物体内，能自己从空气中吸收氮气，繁殖后代，死后将遗体“捐赠”给植物，让植物得到大量氮肥。这类固氮菌叫自生固氮菌。因此，学会培育固氮菌技术，可以减少化肥、农药的使用从而防止化肥、农药污染。

二是生态农业减少化肥使用。生态农业技术主要是利用生物链循环利用能量物质来减少化肥的使用。例如稻田养鸭，果园养鸡，棉田养鹅等，可以大量减少化肥和农药的使用。如稻田养鸭的具体做法：将 20 日龄以上雏鸭，放养在稻田中，利用鸭子的捕食本能和生活习性，消灭田间杂草和害虫，并对稻田进行中耕浑水，促进水稻分蘖结实。当雏鸭长成成鸭后，能啄食稻穗时，必须将鸭群移出圈养。果园养鸡的具体做法：一般平均一亩果园可以散养 20 ～ 30 只鸡，鸡可以消灭大部分杂草和较低空间的虫害。鸡粪可以自然施肥。这几种生态治虫除草技术的优点是，利用禽类的生活习性，可以消灭害虫和杂草而不需耗费额外的农药，可以起到一举两得的效果。缺点是，需要投入较多的人工管理和补饲。在必须喷洒农药时，必须将禽类隔离在安全区内。

三是制作农家肥料替代化肥。一方面可以利用绿色植物来堆肥，同时，充分利用沼气等技术处理禽畜粪便后，用于种植地的施肥和防治虫害，从而

大量减少化肥的使用。这类方法优点是生态健康明显改善，缺点是要投入较大的资金建沼气池，堆肥过程还需要大量的体力劳动。

四是生物治虫替代农药。第一招就是养益虫吃害虫，益虫又可以收集起来作药材卖出；第二招就是培养微生物来吃虫子，像案例中吴三更那样；第三招就是用草木灰洒在叶子上，草木灰含有钾元素，有极好的防虫效果，特别是蚜虫等；第四招就是利用蓖麻叶，它既能杀虫，又能追补有机肥。

五是用低毒高效农药替代高毒农药。易造成环境污染及危害较大的农药，主要是那些性质稳定、在环境或生物体内不易降解转化，而又有一定毒性的品种，如滴滴涕等持久性高残留农药。所以，农民朋友在购买农药时，可选择低毒高效农药品种，每瓶的单价是高一些，但用量少，效果持久，总的成本是一样的。使用低毒高效农药，附着于植物体上的残留时间短，污染少，收获后的产品，无论自用还是出售都比较安全。

37 防止农村“白色污染”，该怎么做?

农村生产生活方式的改变，特别是塑料地膜和各种塑料制品的使用，既体现进步和文明,也带来白色污染。白色污染是人们对难降解的塑料垃圾（多指塑料袋）污染环境现象的一种形象称谓。它是指用聚苯乙烯、聚丙烯、聚氯乙烯等高分子化合物制成的各类生活塑料制品使用后被弃置成为固体废物，由于随意乱丢乱扔，难于降解处理，以致造成环境污染严重。

小故事

新农村的白色恐怖

2011 年的初冬，气温已经降到了 10 摄氏度，盘羊湖周边的水草有些枯。人们种植过蔬菜的旱地上呈现一些白色斑点，走进一看，原来是乳白色的细碎农用地膜。风一吹，三三两两地飘向盘羊湖边树林间的草地上。杨树林中一群水牛在游荡，伴着几个牧童的嬉戏打闹声。由于地上没有多少绿色草料，牛群很快随着牧童传出的欢乐声消失在树林远处。夜幕降临时，没玩够的小牧童们依依不舍地分别，分头去找自家的牛。一阵吆喝声在林子传开，除了八岁的二嘎子外用不到十分钟，大家把牛找到，各自回家。二嘎子不敢回家，忐忑不安地等待老爸前来帮他找牛。晚上 9 点，父子俩终于在 10 公里开外的石子塘村詹某家牛棚里找到了家里的牛，原来牛吃了詹某家的麦子，被扣了。牵牛回家后，二嘎子困得倒头就睡。第二天下午，二嘎子家的牛和其他玩伴的牛都有些异样，牛群不很活跃，走不远就在林子边卧着休息。第三天，牛群不吃草了。第四天，死了 3 头牛。二嘎子哭得很伤心。二嘎子他爸怀疑是詹某家搞的鬼，闹到乡政府，乡政府派出调查组，破开死牛肚，发现了大量农膜。原来是一群不懂事的小孩子用麦子苗包着农膜团喂了二嘎子的牛，其中三头牛吃了过多的农膜而死。

◎ 认识白色污染的危害

“白色污染”的主要危害在于“视觉污染”和“潜在危害”。视觉污染就是在水体和道路旁散落的废旧塑料包装物给人们的视觉带来不良刺激，影响整体美感，破坏景观，让人们的视觉不舒服。潜在危害在于：废旧塑料包装物、农用地膜很难降解，混在土壤中会影响农作物吸收养分和水分，将导致农作物减产；被动物当作食物吞入，导致动物死亡。目前，人们反映强烈的主要是“视觉污染”问题，而对于深层次的“潜在危害”，大多数人还缺乏认识。“潜在危害”的具体表现很多：一是侵占土地过多。塑料类垃圾在自然界停留的时间也很长，一般可达 200 ～ 400 年，有的可达 500 年，塑料类垃圾在土壤中难以降解，使土壤也无法耕种。二是污染空气。塑料、纸屑和粉尘随风飞扬。三是污染水体。河、海水面上漂着的塑料瓶和饭盒，水面上方树枝上挂着的塑料袋、面包纸等，不仅造成环境污染，而且如果动物误食了白色垃圾会伤及健康，甚至会因其在消化道中无法消化而活活饿死。四是火灾隐患。白色垃圾几乎都是可燃物，在天然堆放过程中会产生甲烷等可燃气，遇明火或自燃易引起火灾事故不断发生，时常造成重大损失。五是白色垃圾可能成为有害生物的巢穴，它们能为老鼠、鸟类及蚊蝇提供食物、栖息和繁殖的场所，而其中的残留物也常常是传染疾病的根源。

◎ 防止白色污染的做法

第一，要减少相关产品的使用。国家行政管理部门公布了塑料制品和农膜的生产技术标准以及使用规范。对污染较严重的落后产品，要坚决抵制购买和使用，发现不合格产品要积极向当地工商行政管理部门举报。在生活中，农民朋友要养成良好的习惯，尽量减少使用塑料袋、一次性塑料饭盒等，在到超市购物时自备提袋，在外吃饭时尽量用瓷碗，不要使用一次性碗筷。

第二，选用无污染白色产品。随着科技的进步以及人们对环境保护意识的提高，高污染的农用地膜和塑料制品将逐渐被新产品代替。为了保护环境，建议农民朋友使用无污染白色产品。具体做法是：一是有节制地采取以纸代塑。纸的主要成分是天然植物纤维素，废弃后容易被土壤中的微生物分解，因此可以解决前面所说的“潜在危害”，但也会带来新的环境问题：首先造纸需要大量的木材，而我国的森林资源并不富裕；其次造纸过程中会带来水污染。所以要有节制地节约使用。二是少量采用可降解塑料。可降解塑料的原理是在塑料包装制品的生产过程中加入一定量的添加剂（如淀粉、改性淀粉或其它纤维素、光敏剂、生物降解剂等），使塑料包装物的稳定性下降，较容易在自然环境中降解。但使用可降解塑料也有一些不足：多消耗粮食；使用可降解塑料制品仍不能完全消除“视觉污染”；由于技术方面的原因，使用可降解塑料制品不能彻底解决对环境的“潜在危害”；可降解塑料由于含有特殊的添加剂而难以回收利用。所以，农民朋友也不要过多地使用。

第三，掌握废旧塑料回收利用技术。有条件的农民朋友还可以筹办废旧塑料回收利用加工厂。废旧塑料回收利用的关键环节之一是废弃塑料的收集和预处理。在我国，造成回收率低的重要原因是垃圾分类收集程度很低。由于不同树脂的熔点、软化点相差较大，为使废塑料得到更好的再生利用，最好分类处理单一品种的树脂，因此分离筛选是废旧塑料回收的重要环节。前提是要学会两项关键技术：分离分选技术和熔融再生技术。就分离分选技术而言，对小批量的废旧塑料，可采用人工分选法，但人工分选效率低，将使回收成本增加。熔融再生是将废旧塑料加热熔融后重新塑化。根据原料性质，可分为简单再生和复合再生两种。简单再生主要回收如聚酯饮料瓶、食品包装袋等，回收后其性能与新料差不多。复合再生的原料则是从不同渠道收集到的废弃塑料，有杂质多、品种复杂、形态多样、脏污等特点，因此再生加工程序比较繁杂，分离技术和筛选工作量大。一般来说，复合回收的塑料性质不稳定，易变脆，常被用来制备较低档次的产品。如建筑填料、垃圾袋、微孔凉鞋、雨衣及器械的包装材料等。

38 防止畜禽养殖污染，该怎么做?

农村地区畜禽养殖业迅速发展，虽然提供了丰富的农产品，但也对农村环境质量产生了严重影响。因畜禽养殖不合理排放导致区域流域的空气、地表水和地下水污染的事件越来越多。解决畜禽养殖污染问题已成为农村和农民朋友的当务之急。

小故事 生态农场的现代生活

长沙市白马镇有个山清水秀的村庄。村里有个叫“九鼎山”的家庭农场。九鼎山农场面积不足 150 亩，但生产的无公害农产品——黑猪、九鼎鱼和绿色蔬菜远近闻名。2010 年，农场的纯收入超过 300 万元大关，也就是每亩 2 万元毛利润。创造这个奇迹的人叫王翠花，她带着一家五口把那片荒地变成了长沙人的开心农场。这个农场分成三个特别的区域，包括养殖区、种植区和休闲娱乐区。中央最大的一片是无公害蔬菜种植区。有客人问蔬菜施化肥吗？主人指着西边养殖区的猪场说“那里的肥都用不完”。客人顿时明白，这里生产真正的无公害有机蔬菜。游客都住在东边的休闲娱乐区，但一点都没有闻到猪拉屎的臭味。原来猪屎及时清理到沼气池里。有人好奇地再问猪吃什么，他说“用青菜和大米喂猪，虽然长得慢一点，但肉质特好、客人爱吃，我们农场生产的猪肉送到五星级酒店。另外，用青菜和大米喂猪，猪拉屎多，沼气池的原料足，产沼气就多。沼气足够供应休闲娱乐区烧热水和做餐饮之用”。自豪之余，主人还会告诉游客自己有一台德国进口的沼气发电机，可供娱乐区的照明和歌厅设备用电。

◎ 了解畜禽养殖污染的危害性

一是农作物危害。高浓度的粪便污水用于灌溉，会使作物徒长、倒伏、不熟或晚熟，造成减产，甚至毒害作物，出现大面积腐烂。此外，高浓度污水可导致土壤孔隙阻塞，造成土壤透气、透水性下降及板结，严重影响土壤质量。

二是污染水源。畜禽粪便中有大肠杆菌、蛔虫卵、氮和磷等。特别是奶牛场产生一种叫做 BOD 的化学物质有毒，能被蔬菜和粮食作物吸附，对人体十分有害。这些有毒有害成分还易渗入地下水中，严重污染地下水，造成地下水溶解氧含量减少,水质有毒成分增多,使水体发黑变臭,失去使用价值。

三是污染空气。畜禽养殖场的污水、粪便产生大量恶臭气体,其中含有氨、硫化物、三甲胺、丙酸、正丁酸、正戊酸、异戊酸、甲烷等有害成分，污染周围空气，严重影响空气质量。特别是氨气的挥发不仅给操作人员带来不快感、引起人和家畜的呼吸道疾病，而且进入大气后可造成酸雨和增加自然生态系统中氮的负荷。养殖场的恶臭现象时有发生，恶臭能刺激人的嗅觉神经和三叉神经，对呼吸中枢产生毒害。

四是损害人体健康。畜禽粪便中大量的病原微生物、寄生虫卵以及孳生的蚊蝇，会使环境中病源种类增多、菌量增大，出现病原菌和寄生虫的大量繁殖，造成人、畜传染病的蔓延，尤其是人畜共患病时，会发生疫情，给人畜带来灾难性危害。养殖的规模越大，被污染区域内生物量越大、生物密度越高，环境污染所产生的威胁性和危害性越大，危害程度越高。

◎ 防止畜禽养殖污染的适用方法

一是科学选址，合理布局。农民朋友要办畜禽养殖场时，必须避开生活饮用水水源保护区、风景名胜区、文教区、城镇居民区。必须遵守当地土地利用规划和城镇发展规划。养殖场应设在环境敏感区常年主导风向的下风向或侧风向处，并远离河流、水库等上下游主干流和支流，远离村庄集中饮用水源地，远离村民居住区。其中距离河流、水库等上下游主干流和支流、农村集中饮用水源地和村民居住区均不得少于500米，并远离公路主干线。

二是科学处理污水与粪便。兴办养殖场，一般要按养殖规模建设污染物处理设施，即：建设一处污水贮存池、一处畜禽粪便晾晒贮存场，其容量可根据养殖规模而定。贮存的污水可采取农田灌溉等措施进行处置，严禁随意排入自然环境，避免对周围环境及水体造成污染和危害。畜禽粪便可采取干燥法、发酵法等多种方法进行处理。政府鼓励畜禽养殖户将畜禽粪便生态还田，或者用以生产沼气、制造有机肥料、制造再生饲料（关于科学利用禽畜粪便的内容在本书Part2第25小节中已经作了介绍）；严禁畜禽养殖场（户）任意向水体或者其它环境直接排放畜禽粪便、废渣或者污水等污染物。

三是正确处理病死畜禽尸体。处理病死畜禽尸体是防止畜禽养殖污染的重要一环。当养殖户发现有病死畜禽时，尸体要及时处理，严禁随意丢弃，更不能出售或以其他方式再利用。有条件的养殖场可以采用焚烧炉焚烧的方法，通过有烟气净化的焚烧设施，将病死禽畜尸体集中焚烧处理。不具备焚烧条件的养殖户应设置安全填埋井，填埋井要采用混凝土结构，深度在2米以上，每次投入畜禽尸体后，应覆盖一层厚度在10厘米以上的熟石灰，井填满后，要用粘土填埋压实并密封。

39 防止“生物入侵”，该怎么做?

从20世纪80年代以来，我国某些农村地区因为希望快速致富，盲目相信外来物种的优越性，热衷引进外来动植物品种，由于管理缺乏规范，生态责任意识不强，在引进、养殖和散布过程中造成了很多不可控的生态危机。如大米草、福寿螺、水葫芦、小龙虾等引进的外来物种由于缺乏天敌制约，在引进地泛滥成灾，破坏生态环境，引发本地某些物种灭绝，造成了严重的生态灾难。“生物入侵”，不得不防。

小故事 小小野菊花，带来大麻烦

村民张文军怎么也不会想到，他会因为一棵草闯了大祸。2004年9月，沧州献县陌南村的村民张文军在刚垫好的宅基地上，移栽了一棵看起来长得很旺盛的“野菊花”。没想到半年多的时间里，“野菊花”不仅长满了自家宅基地，还扩散到半个村子50余亩范围内。后来他才知道这种霸道的“野菊花”就是黄顶菊。同村的村民张春雨，他家今年种的两亩黄芪全完了。在他家的农田中，黄顶菊密密麻麻，长势十分凶猛，有的已经长到近2米高。张春雨家的黄芪出苗后长势一直很好。但自从地里长了黄顶菊之后，基本上都见不着黄芪苗了。张春雨的黄芪种籽就花了1600多元，再加上浇水、化肥，这就损失将近3000元。就算清除了“野菊花”，这块地也得等到秋天才能种。原来“黄顶菊”是河北等北方沿海省份近年来新发现的一种外来杂草，原产南美洲，有的地方群众也称“野菊花”，为一年生草本植物。“黄顶菊”根系发达，耐盐碱、耐瘠薄、抗逆性强，繁殖速度惊人。有“黄顶菊”生长的地方，其他植物难以生存，一旦入侵农田，将威胁农牧业生产及生态环境安全。黄顶菊繁殖能力强，扩散速度快。一株黄顶菊有1200多个花序，能产数十万粒种子，高发区的黄顶菊密度每平方米可达上万株。种子萌发时间不一，4月至11月份都可以萌发，植株生长非常迅速。所以，陌南村遭受“黄顶菊”侵犯的巨大损失就在所难免了。

◎ **生物入侵危害大**

外来生物入侵是指对生态系统、栖境、物种、人类健康带来威胁的任何非本地的生物，这些生物离开其原生地，经自然或人为的途径传播到另一个环境，能在当地的自然或人为生态系统中定居、自行繁殖和扩散，最终明显影响当地生态环境，损害当地生物多样性的过程。生物入侵物种包括植物、动物和微生物。我国一直是深受外来有害生物危害的国家。据农业部统计，目前已有400多种外来物种“全面”入侵我国，在国际自然保护联盟公布的全球100种最具有威胁的外来生物中，入侵我国的物种有50余种，其中11种主要外来生物每年给我国造成的经济损失高达570亿元。国家环保总局估计，外来生物入侵每年给我国造成经济损失达数千亿元，这个数字还不包括生态破坏及其引起的间接损失。

◎ **生物入侵前：防患未然最重要**

一是要尽量保护当地的天然生态、物种多样性和物种地方性。一个地区的生态系统的形成和稳定，要经过几百年的时间。因此，农民朋友要树立良好的生态意识，加倍珍惜本地的生态环境和本地物种，在农林业生产中，最大限度地利用本地物种，而不是盲目地崇尚外地物种。

二是尽量少引进外来物种。外来植物要经过植物研究部门进行长期和充分的驯化，完全适应了本土环境以后才能大规模商业化种植。农民朋友不要私自随意引进外来植物物种，确有需要的，应通过本地农林部门的检查，以防止发生生物入侵现象，造成不必要的损失。

三是养殖专业户要防止养殖的外来动物逃逸野化，不得私自在野外遗弃或放生外来动物品种。在特别珍稀动物养殖场中，要注意加大防护力度防止动物逃逸。

四是发现外来物种蔓延的态势要及时报告相关部门，如林业、农业或环保部门，采取补救措施，制止事态恶化。

◎ 生物入侵后：处理得法路子宽

一是用生物防治办法。如鸭群对付福寿螺。养鸭食螺是生物防治的一种好方法。在福寿螺发生地区，有计划地组织农户饲养鸭群，在螺卵盛孵期放到农田、沟渠中啄食幼螺，既灭螺，又喂鸭，一举两得。

二是用喷洒针对性的农药的办法。如前文中提到的黄顶菊，可以使用草甘膦、虎威水剂、二甲四氯钠盐水剂以及苯达松水剂等专用农药进行处理。但这一方法毒害性大，要注意防止连带杀死有益动植物。

三是用引进天敌的办法。现在我国泛滥的水葫芦，生物学家也找到了一种水葫芦的天敌——象甲。专家在实验室中发现：被放置了象甲的水葫芦，植株明显变小、叶子变小、茎干变细、分支减少，水葫芦的整个生长过程受到抑制。

四是综合利用的办法。小龙虾原名克氏螯虾，原产于墨西哥，引进我国后大量繁殖。小龙虾喜欢在堤坝上打洞，很容易在洪水时期造成堤坝溃决。近年来，南北各地流行吃小龙虾，各地农民朋友大量捕捉小龙虾上市，小龙虾供不应求，在一定程度上抑制了小龙虾的危害，是生物入侵变害为利的一个成功例子。

五是进行人工或机械清除。这一方法副作用最小，但人力与机械投入较大，只能在农闲时节进行。

40 遇到国家保护鸟类，该怎么做？

鸟类是人类的朋友，绝大部分鸟类在繁殖期间要消灭大量的害虫，有益于农业生产。而且鸟类聚集的地方一般都是山清水秀，生态平衡的地方。农村地区由于绿地覆盖率高，自然生态远远优越于城市地区，因此成了鸟类分布比较集中的地方。但是，如果鸟类聚集的品种单一、繁殖过快，虫子吃光了，就会以地里的粮食作物为食，尤其是大型水禽类，会危害大江、大河里的鱼虾，造成水体生态失去平衡，让那些打鱼和养鱼的人苦不堪言。

小故事　白鹭带来的欢乐与烦恼

2006 年 7 月，富顺县板桥镇张坝村，突然飞来一群尊贵客人——数百只国家二级保护动物白鹭。客人们对村民王仲民、殷道青、殷道红三家人房前屋后那片 10 余亩的茂密慈竹林情有独钟，从此扎根下来。环保意识很强的当地村民，对白鹭以礼相待。根据当地风俗，房前屋后飞来白鹭，是件很吉利的大好事。人鸟和谐相处，几年相安无事。谁曾想，白鹭家族每年以几何级速度膨胀，短短几年时间达到了一两万只。每天傍晚，万鸟归巢的场面，极为壮观。殷家那片十余亩的竹林上，像压了一层雪一样，美不胜收。但张坝村村民却有苦难言。白鹭天性喜食鱼虾、泥鳅、黄鳝等腥味之物，所排粪便的酸性、腐蚀性极强，很多带有毒害性。从 2008 年夏天开始，与万只白鹭朝夕相处两年多的王仲民、殷道青、殷道红三家人，发现自家所饲养的猪、鸡、兔等家禽，开始出现莫明其妙的死亡。一打听才知道，附近不少村民家饲养的鸡、鸭、猪、狗等，都出现了莫明其妙的死亡。百思不得其解的村民，开始把怀疑的目光投向白鹭：家禽家畜很可能吃了残留在菜叶上的白鹭粪便，或吃了白鹭觅食掉在地上的小鱼后，最终导致死亡。村里的娃娃们身上经常沾到白鹭的粪便，全身上下都长起小疱，痒得不得了。最令人关注的是张坝村村民，全部都是饮用田边水井之水。如果竹林中大量存积的白鹭粪便，一旦浸透到村民饮用水源中，那后果不堪设想。不得已，政府有关部门建议张坝村成片砍掉现有慈竹林，改栽花椒、甜橙等经济作物，以改变白鹭现有的生存环境，让万余只白鹭自行迁飞他处。

在这个案例中，富顺县板桥镇张坝村出现了生态环境改善与生态危机两种对立因素并存的现象。农民朋友们要善于辩证分析，一方面坚持改善生态环境不手软，不动摇，另一方面要积极促进生物多样性，避免不利因素的累积。

国际二级保护动物以上的鸟类受到法律的保护，任何人捕杀它都要受到法律的严厉制裁。当鸟群给村民带来各种麻烦和不便时，千万不要动杀念，而要看到鸟群的利用价值，无论如何，人的智慧总比鸟高，可以想办法趋利避害。

一是坚持保护国家珍稀鸟类。珍稀鸟类是宝贵资源，它的顺利繁衍正好说明我们身边的环境在不断改善。如果被保护的珍稀鸟类给你和村庄造成小小的危害，不必惊慌，可以找专家们来研究“两全其美”的办法，更可以向国家申请一笔专用金费来管理好、保护好珍稀鸟群。一句话，就是只能养、不能捕杀。农民朋友要养成爱护鸟类，维护生态平衡的习惯，不打鸟、不破坏鸟巢，不掏鸟蛋，最大限度地保护鸟类的繁衍生息。如果实在负担不起养鸟的重任，也只能以改变鸟类的居住环境为手段，促使受保护的鸟类减少集聚，自行迁徙他乡。

二是积极改造山水环境，促进植被多样。在农村山地绿化的时候，不能在漫山遍野栽种同一种植物，要注意物种多样性，多栽培一些不同类型的植物树种，促使多种鸟类聚集而不是单一品种的鸟类聚集。村里的各种植物和动物丰富多彩了，多种鸟类互相制约的关系理顺了，自然生态就会平衡起来。大家担心的生态危机就不会出现。

三是组建鸟类观赏区，带动休闲旅游。鸟类聚集的地方一般都是山清水秀，生态平衡的地方。村里来了百林鸟，就预示着这里将来风调雨顺。村里可以申办旅游综合开发项目，招商引资发展“观鸟产业链”，也可以多家农户联合成立“观鸟合作社”，结合农村休闲度假设施，开办以生态保护和观赏鸟类为特色的乡村旅游基地，寻找致富机会。

四是控制鸟群的繁殖速度，防止规模过大的麻烦。鸟群的繁殖是可以控制的。有些鸟群的繁殖速度快，当达到一定规模时会给村民生产生活带来影响。因此，合理地控制好鸟群的规模，将鸟粪污染等其他危害降到最少是非常必要的。控制鸟群规模的办法很多，比如在水面大规模养殖鸭鹅群，白鹭等涉水性禽类就会避开；捕捉青年鸟，转给其他的自然保护区，可以减少鸟群规模；控制鸟群的栖息环境，减少相关环境对鸟群的容纳量，也可以减少鸟群规模；还可以通过引入适宜的天敌来控制鸟群的繁殖等。

41 田间作物被野生动物破坏，该怎么做？

近年来，由于各地都提倡保护自然生态环境，制止山林滥砍滥伐和退耕还林政策的大力执行，生态平衡初步恢复，各地野生动物的数量正在逐步恢复。其中以野猪、松鼠和野兔等适应能力强和繁殖速度快的种群恢复最为明显。野生动物种群的恢复标志着生态环境的改善，这是一件好事，但是，杂食性和草食性动物不加节制地繁殖，反过来会对农作物造成巨大的危害。

小故事　野猪闹田，村民闹心

辽宁带岭区秋丰村村民大多以种地为生，农户们的土地都集中在人烟稀少的林缘地带。前些年，每年刚一入秋，山里总有野猪下山“聚餐”，眼看着即将成熟的庄稼被野猪连吃带祸害，村民心疼得不得了，他们想尽了各种办法对付野猪，但总是收效甚微。每到七八月份，都是农民最闹心的时候，为了保护庄稼不遭野猪破坏，尽量减少损失，村民组成了保护庄稼小分队，尤其是加强了夜间的巡护。人们用木棍敲打脸盆，有的还拿出了铜锣，沿着农田使劲儿敲打，这办法当时很见效，但几天过后，人刚离去，野猪就又大模大样地走进了农田。它们钻进茂盛的庄稼地，张家拱两垅土豆，李家啃几片苞米，看到黄豆也不放过，连吃带糟蹋，最后大摇大摆，扬长而去。村里不少老人都说，他们年轻时遇到野猪下山就下套子抓野猪，要不就找几个猎捕野猪的高手将野猪捕杀，可现在野猪被列为保护动物，村民不能捕杀了，田地又处于林缘地带，为了防火，村民更不敢拢火吓唬野猪，就这样，在人与野猪的较量中，野猪占据了完全的优势。野猪下山吃庄稼也顺了嘴，年年来，而且破坏农田的面积一年比一年大，村民为此叫苦不迭。

◎ 对付野畜，要软硬皆施

一些野畜对农田的危害大，农民朋友们希望尽快消除危害的心情能够理解，但农民朋友们要注意不要使用危险手段和工具设施如私自拉电网，埋设地雷、兽夹、陷阱等，以免对自身和他人的安全造成危害。在对付野畜的危害时，要软硬皆施。软的办法就有引来他的天敌、驯养发展野味产业链；硬的办法包括获准捕杀、电网护栏等。

一是引来天敌，促进生态平衡的进一步恢复。可以引进一些野畜的天敌，对过度繁殖的野畜规模进行遏制，但这一措施需要的周期较长，对付野猪等凶猛类动物有一定的难度。而且生态平衡的全面恢复不是一件容易的事情。

二是驯养野畜变害为宝。一些国家非重点保护动物，如野兔等，比家畜有着更为丰富的蛋白质，精肉化程度也高，可以按照家畜的饲养模式进行圈养，市场销路也很好。但一定要申办到林业部门颁发的“野生动植物驯养繁殖许可证”、“销售许可证”，否则也是非法的。

三是使用高科技设备，阻止野畜闹田。例如使用逆变器。其原理主要是将电瓶的低压直流电转变为 2500 ～ 3500 伏的高压交流电，通过布设的电栅栏，使欲进入林地和农田的兽类受到电击后立即逃窜，达到预防的目的。一般而言，逆变器的导线具有高效和低耗的特点，用一个普通的 12 伏汽车电瓶可以带动 40 ～ 60 千米的低耗导线，防护面积可达 6 ～ 25 平方公里，电瓶放电持续时间可达两周以上。国内有厂家能生产这种逆变器。该逆变器上具有电瓶电量指示、漏电指示、漏电保护、安全电压及电流调节器等先进装置，电栅栏专用导线具有抗雷击、抗老化、耐低（高）温、防漏电、放电灵敏、警示明显、可反复使用等优点。不过，逆变器设备所需的购置成本较高，且采取这一措施必须首先考虑保护人的安全。

四是报政府批准，进行专业捕杀。这是万不得已的行为，需要组织专门的猎手、猎狗和狩猎器具。在行动之前，要记得报告政府相关部门，获得批准。野猪等动物虽然是国家保护动物，但是在野猪泛滥，危害巨大的地区，当地政府还是允许进行适量捕杀。农民朋友们可争取到当地政府的许可，对危害巨大的野猪等进行适量捕杀。

42 保护植物新品种，该怎么做？

植物新品种是指经过人工培育的或者对发现的野生植物加以开发并有适当命名的植物品种。植物新品种已经成为农业发展最活跃的生产要素。在农村，种植作物或者野生的植物出现新品种的实例不少。袁隆平院士就是通过发现一株野生的稻谷新品种，培育出世界著名的杂交水稻种的。

小故事 一株“野败”成就一个大科学家

袁隆平，中国“杂交水稻之父”，中国工程院院士，美国科学院荣誉院士。提起袁隆平研究成果的突破，都绕不开1970年在海南发现的一株百分百具有不育特点的雄性败育野生稻，专家给它取名为“野败”。这株“野败”为培育水稻不育系和随后的“三系”配套打开突破口，为人工杂交稻研究带来了新的转机。1970年年底海南的一天，袁隆平的学生李必湖和冯克珊追随着两只兔子的足迹在一片偶然发现的野生稻中找到了一株长得很异常的野生稻，正是袁隆平的研究团队苦苦寻找两年之久的野生雄性不育株。在发现“野败”的前十年，袁隆平就认识到杂交优势是普遍规律，自此开始水稻的有性杂交试验。当他发现天然杂交稻的时候，又推理出人们只要探索出其中的规律和奥秘就可以培育出人工杂交稻。从1964年开始，他花了6年时间，总结了自己培育“不育系”的经验教训，认识到必须跳出栽培稻的小圈子，重新选用亲本材料，提出利用“远缘的野生稻与栽培稻杂交”的新设想。正是在这一设想之下，他的学生们才有的放矢，在海南的茫茫野生稻中，发现了那株比黄金还贵重的“野败”。可以说，“野败”的发现，偶然中充满了必然。没有袁隆平的研究，它只不过是海南的一株野生稻，在野外天生天长，然后寂寞地消失重回大地，而只有遇见了袁隆平和他的团队，“野败”才显出黄金身价，实现了袁隆平在杂交水稻的辉煌成就，实现了几千亿公斤杂交水稻的丰收，实现地球多养活20亿人的现代奇迹。

◎ 保护新品种，开辟新事业

一是确认新品种的价值。植物新品种，是指目前在国内或者全世界其他地方还未发现的植物种类。南方人可能发现一株从来没有见过的植物，而这种植物在北方早就有了。所以，首先是需要确认发现的植物种类是不是新品种。其次，要了解是否有利用价值。如有利用价值，就需要认真保护、开发并利用好它。如果利用价值不大，就交给国家植物保护部门来保存它的基因，供科研单位做研究材料使用。虽然其利用价值很难判断，现在没有，将来也许有大用。所以，一般而言，只要是新品种就一定有保护它的价值和意义。农民朋友发现了新品种可以向农林部门报告，向科研单位寻求帮助，以确认新品种的价值和学会保护的办法。

二是有计划繁殖和培育你发现的植物新品种。发现新品种，立即采取措施严格保护起来，如果有利用价值，可以投入少量资金进行小规模繁殖，让它能够传种，进而开发其价值。例如，某地农村发现一罕见水生植物，这一植物生长在当地一个水池里，是一种水生球状植物，当时已长成直径约80厘米大小，生长在水下。令人惊奇的是，这种植物具有神奇的“变色”功能：中午时分，叶子底部为紫色，傍晚时候则变成绿色。这一罕见植物很快吸引了周围群众前来观赏，由于这个球状植物生长在村外的水池里，当地村民担心被损坏，于是用塑料布将水池周边围起来，安排村民昼夜守护。然后请来专家指导，繁殖出种子来。全村依靠“变色”球发展观赏植物产业链，不到三年，家家户户走向幸福小康路。

三是保护好你对植物新品种的专利权。发现、培养出具备新颖性、特异性、一致性和稳定性并有适当名称的植物新品种，你就享有排他的独占权，即植物新品种权。按《中华人民共和国植物新品种保护条例》规定，任何其他单位或者其他个人，未经许可，不得以商业目的生产或者销售该授权品种的繁殖材料，不得为商业目的将该授权品种的繁殖材料重复使用于生产另一品种的繁殖材料。但要获得植物新品种专利，还必须注意以下三点：

第一，弄清楚植物新品种保护的范围。我国植物新品种保护工作是由国家林业局和农业部两个部门来进行的。你一定要弄清你所培育开发的新品种是属于哪个部门管辖的，以便提出进一步的申请。

第二，弄清楚申请保护的植物品种应当具备的条件。一个获得保护的植物品种，必须是经过人工培育的或者对发现的野生植物加以开发的品种，这样的品种应当具备以下几个条件：新颖性、特异性、一致性、稳定性及合适的名称。

授予品种权的植物新品种应当具备新颖性。新颖性，是指申请品种权的植物新品种在申请日前该品种繁殖材料未被销售，或者经育种者许可，在中国境内销售该品种繁殖材料未超过1年；在中国境外销售藤本植物、林木、果树和观赏树木品种繁殖材料未超过6年，销售其他植物品种繁殖材料未超过4年。特异性，是指申请品种权的植物新品种应当明显区别于在递交申请以前已知的植物品种。一致性，是指申请品种权的植物新品种经过繁殖，除可以预见的变异外，其相关的特征或者特性一致。稳定性，是指申请品种权的植物新品种经过反复繁殖后或者在特定繁殖周期结束时，其相关的特征或者特性保持不变。新品种的名称，应与相同或者相近的植物属或者种中已知品种的名称相区别。仅以数字组成，违反社会公德，对植物新品种的特征、特性或者育种者的身份等容易引起误解的名称不得用于品种命名。

第三，向国家林业局或农业部提出品种权申请。只有在国家林业局或农业部批准授予品种权后，农民朋友的合法权益才可以得到国家的保护。农民朋友对自己培育的新品种的权益，如未向国家提出申请，则意味着自动放弃自己的权益；对于未提出申请的品种权益，或提出申请而未获批准的品种权益，国家不予保护。对于需保护的植物新品种，只有国家才可以认定，省级及省级以下政府无权认定。农民朋友可以依照规定的程序直接向国家部门提出申请，也可以通过代理机构提出申请。

农民朋友获取品种权后，可以利用其独占权，自己繁殖或出售其品种的繁殖材料，也可以向其他组织和个人发放许可证，换取特许权费。对于量大面广的植物品种，农民朋友往往不必直接控制品种的繁殖，而可以采用与经销商或其他中介组织合作的方式，按繁殖材料的单位价格收取一定比例的特许权费，那样省力省事。但对于价值较高的品种，农民朋友做好控制品种的繁殖或销售，可以直接从繁殖材料的销售中得到可观的回报。而当农民朋友在自己的合法权益受到侵害时，可以请求县级以上人民政府农林主管部门进行处理，也可以直接向人民法院提起诉讼。

43 土壤受到严重污染，该怎么做？

山清水秀是农村和城市的共同期盼。土壤是生命的根基，人人有保护它的权利和义务。广大农村如果没有工业企业和矿业的存在，一般不会出现土壤的严重污染，但如今农药和化肥也能构成严重污染。一旦出现重金属、化学毒素就严重污染土壤，生命就受到严重威胁，必须果断采取行动。

◎ 了解土壤污染的特征

土壤污染不全是显性和直接的，很多时候往往是隐形和间接的，往往容易引起我们的忽视。污染物在土壤中很少移动，不像空气污染一样可以从这里飘到那里，或者像水体污染物能从上游漂到下游。对土壤来说，污染在哪里，就会扎根在哪里，几十年上百年不变，通过生长在土壤上的作物，把污染从田间地头运到餐桌上。这个特点让土壤污染变得非常隐蔽，看不见摸不着，甚至吃了好几年污染土壤上产出的食物之后都不会被发现。如果把环境污染比作地球的疾病，那么土壤污染算得上是“病在膏肓”。

◎ 认识土壤污染的严重危害性

土壤污染通常很难治理，如被某些重金属污染的土壤需要 200 ～ 1000 年才能够恢复。大气和水体受到污染，切断污染源之后通过稀释作用和自净化作用也有可能使污染问题不断逆转，但是积累在污染土壤中的难降解污染物则很难靠稀释作用和自净化作用来消除。土壤污染一旦发生，则很难恢复，治理成本较高、治理周期较长。更令人担忧的是，土壤一旦污染，又可导致大气、地表水和地下水污染，从而对动物和人造成危害。可能引起的危害包括：功能异常和其他荷尔蒙系统异常；生殖障碍和种群下降，土壤严重污染的地方，不能生育的人和其他动物的数量特别多；肿瘤和癌症等损害；行为失常；免疫系统障碍，例如，无缘无故就感冒、不舒服、没有力气等；性别混乱；等等。

◎ 六项措施消除、缓解和预防土壤污染

一是平衡施肥，科学使用农膜，推广可降解农膜，提高农膜回收率，加强对农用化学品施用量、施用方式及施用时间的规范和管理。

二是大胆使用生物农药和低毒、低残留农药。自觉停止高毒、高残留农药的生产和施用；尝试使用生物农药和低毒、低残留农药。

三是坚决停止秸秆、生活垃圾等露天焚烧。了解并运用低成本、高效益、适宜农民推广应用的农业废弃物资源化新技术和新产品；学习利用较成熟的垃圾堆肥及资源化技术，有机无机复合肥生产技术及秸秆氨化饲料生产技术。

四是参与建设一系列的农村生态工程。如建设和启用新型沼气池，对厨房、厕所、猪圈的科学改造，既能减轻土壤污染，又能使环境卫生得到改善，使农村生活得到实惠。

五是学会并运用湿地植物覆盖法。这种方式必须耗费大量的水源，气候也必须合适。具体说来就是，往污染较为严重的土地上大量灌水形成人工沼泽，并种植适合当地气候的水生植物，利用植物的生态自净功能，逐步降低土壤的污染程度。但这一举措耗时较长，投入较高。

六是在污染的土壤上停止种植可食用农产品。对于已经被污染特别是

被重金属污染的土地，目前尚没有“价廉物美”的技术方法可以修复。日本和台湾被重金属污染的土壤至今仍然在撂荒中，最后被用做建筑用地。遗憾的是，目前我国尚没有完整的法律规定有污染的农业用地必须停止种植可食用农产品。但农民朋友一定要凭良心不在重金属污染的土壤上种植食用农产品。

44 饮用水源受污染，该怎么做？

农村的饮用水源有山泉、地下井水、河水等几种类型。饮用水源受到污染，关系到农民朋友身体健康和生命安全，不可麻痹大意。饮用水源要受到严格的保护才行，像保护人的生命一样。

小故事 无意的伤害

犁头村上山脚下的水井不知道流淌了多少年了，清澈碧透的井水来自深层地下，冬暖夏凉，是全村人的主要饮用水源。可最近出事了，村里的诊室人满为患，奇怪的是症状都一样，都是上吐下泻，医生和村里人分析来分析去，估计这问题是出在大家共同饮用的井水上，于是村里赶紧打电话到县里，接下来按县里指示把井水标本送了过去，一检查还真是发现了问题：农药残留严重超标。饮水问题事关重大，原因查明后县里马上派人下来调查农药残留的来源，结果发现残留是来自水井上头的稻田，原来，这是块荒地，今年因为雨水多被地主人耕种了水稻，村民出现问题前几天，主人正巧喷施了农药，因为和水井挨得太紧，又因为刚刚下了雨，田里大量含剧毒农药的水或渗透或直接流入井中，这不，接下来用水的村民就遭殃了。

◎ 处理危机要当机立断

饮用水源对于农民朋友非常重要，当发现饮用水源污染事件后，一定要高度重视，快速采取应对措施。

第一，找到污染原因、对症下药。污染饮用水源的途径也有多种。一是农村乡镇工业废水污染排放严重；二是农田化肥、农药施用，农村家畜粪便污染；三是农村生活垃圾、生活污水随意排放；四是农田污水灌溉。要紧急找到是哪一种污染源，然后立即制止继续污染、坚决切断污染，直到用法律等手段打击污染行为人。

第二，停止污染水源继续供水。当饮用水源被任何有害物质污染后，应立即派专人守护、停止向周围居民供水。影响面大，造成群众饮水困难时，报告政府请求救援，必要时组织群众暂时转移到安全的水源区，或者采购安全的饮用水。

第三，及时救治受害的病人。发现有人身体不适，可立即前往医院检查和治疗。发生饮用水源急性中毒时，立即拨打120，请求最近的医院急救。当大面积人口受伤害和严重影响时，要及时报告政府卫生机构做应急处理。

◎ 防范饮用水源污染要常抓

水是生命的源泉，清洁卫生的饮用水是身体健康的重要保障，农村饮用水的污染问题是个严重的社会问题，解决之道也是个系统工程，需要全社会特别是政府部门高度重视和认真对待，作为身处其中、深受其害的农民朋友，自己注意做好以下几个方面防范的工作：

一是搞好垃圾无害化处理。全面清除陈年垃圾。农民朋友要因地制宜地采取焚烧、填埋、沤肥等方式，对垃圾进行无害化处理，并通过村委会建立村庄环境卫生“门前三包、分区包干、定责定薪、联合考核”的长效保洁机制。

二是进行厕所卫生改造。响应新农村建设的号召，建造能有效处理粪便的卫生厕所，并与家庭生活污水处理相结合，保护农村水体和环境卫生。要通过村组织建立无害化的卫生公厕，消除村内的露天粪坑。

三是治理生产生活污水。农民朋友要尽量减少生产生活污水的排放，可以通过建沼气池等办法，对生产生活污水进行治理和利用，建有畜禽规模养殖场的，排泄物治理后的排放一定要达到国家有关标准，一般性污水的排放要远离水源地。

四是积极参与河道池塘水沟治理。要积极参与到村里的水利基础设施建设中，通过整治河道池塘水沟，保护水生态，增强水体自我净化能力。

五是控制农业面源污染。要减少或控制农药、化肥的施用量，确定适宜的施肥时间和施肥量，提高肥料的利用效率，坚决不使用剧毒农药，积极发展生态农业。

45 江河、水库出现大量的鱼死亡，该怎么做？

在江河、水库养鱼是很多农民朋友赖以生存发展的重要手段。从传统的养鱼到现代的网箱养鱼，农民朋友的收益随着科技手段的应用而水涨船高。但养鱼也有一定的风险，特别是生态环境的恶化给养鱼事业带来了负面影响，河道上游的各种经济活动、特别是企业排污等不良行为，给下游养鱼带来伤害的事件时有发生，让受害群众叫苦不迭。

小故事 河面上翻的不只是鱼肚，还有渔民的痛

2011 年 8 月 10 日，新邵的养殖户在网箱上打捞大批已死亡的鱼苗。连日来，资江湖南新邵段自上游至下流百余里河道相继发生大规模死鱼事件。死鱼事件共涉及 130 余户养鱼专业户，初步统计损失 200 多吨鱼，渔民直接经济损失超过 2000 万，野生鱼死亡无数，难以计算。老张就是这样一个养鱼专业户，承包村边的这段河已有 17 年之久。自从 2009 年 6 月份把鱼苗投放到网箱里后，张玉福和老伴就不分黑夜白天地忙活着。为此，他还在

河边建了个小房子。养鱼，是他的希望。可现在，希望如肥皂泡一样，那么禁不住风吹雨打，瞬间就破灭了。四天前，当张玉福从河边的简易小房里钻出来的时候，他嗅到了一股腥臭。“坏了！”撑着船到河中央的网箱查看后，他惊呆了。原本好好的鱼儿此时已经死去多半，剩余的那些要么把脑袋露出水面急着换气，要么痛苦地挣扎着。短短三四天的时间，张玉福养在网箱里的鱼已经基本上死光了。四万多条鱼暴毙，简直就是一场噩梦！

像上面案例中这么多鱼短时间内死去，肯定有原因。当农民朋友养殖的鱼出现大量死亡事故时，必须进行紧急处理，设法找到根源，消除隐患，以将损害降到最低。

一是打捞和处置死鱼。河面死鱼，首先就是要打捞死鱼，如果是野生鱼死亡，可及时清理河面，防止水体二次污染；如果是网箱死鱼，自行打捞死鱼、并保留样本供调查分析原因时使用。如果不是重金属和农药中毒的原因，大批死鱼可以制作鱼粉出售，以减少损失，如果是中毒死亡，必须掩埋销毁。

二是及时处置水体。对于重金属、农药中毒事件，或者漏油事件引起的死鱼问题，应立即通知乡里邻里，停止到河里取水，必要时请求政府出面，利用相应的科学技术对水体进行必要的修复性处理，及时净化水体，恢复当地的正常生产、生活。

三是调查事故原因。鱼死了，总得有个说法，要及时查清原因，消除导致死鱼的客观因素。特别是近些年来，农业和城市产生的污水大量增加，渔业污染事故发生的频率大大增加，给渔业生产造成了极大的危害，尤其是一些水产养殖户对污染事故造成的死鱼现象和因缺氧或鱼病引起的死鱼现象判断不准确，延误了抢救的最佳时机，造成了更大的经济损失。这里介绍一些简单地用肉眼区分污染、缺氧、鱼病引起的死鱼现象的实用方法。一般可从季节时间上、死亡速率上、行为反应上、死鱼形态上来分析判断。

污染引起的死鱼：一年四季，每时每刻都可能发生，与天气、气温和水温的关系不密切；不同品种的鱼对有毒物质的敏感性不同，但当有毒物质达到一定浓度时，各品种的鱼短期内都会死亡，小个体的鱼尤其是仔鱼比大个体的鱼先死，有明显的个体大小选择性；在水面上能看到大量的鱼，受惊吓后不会沉入水中。中毒初期，鱼一般表现为跳跃、冲撞、上下翻滚、快速游动等。中毒中后期，鱼大多表现为乏力、失去平衡、然后慢慢下沉；受到重金属污染时，鱼的鳃部分泌出大量粘液，形成絮状物，鳃部受损害明显，甚至鳃叶部分脱落；受到黄磷污染时，则鱼眼球突出，鳞片竖立；受到余氯污染时，则鱼体色、鳃丝发白；受到碱污染时，则鱼体表有大量粘液。受到污染的鱼一般会带有污染物的特殊异味。污染严重时其它的水生生物如螺、河蚌、泥鳅、水草等都会死亡。

缺氧引起的死鱼：多发生在春末秋初或夏季天气炎热，气压较低时，大多数发生在午夜和黎明前后；最先浮出水面的是花白鲢，然后是草鱼、鳊鱼、鲫鱼、鲤鱼。但是当水体极度缺氧时，所有品种的鱼短期内都会死亡，一般个体大的鱼先死亡；缺氧不十分严重时，受惊吓后会沉入水中，鱼呈浮头状态，在水面上吞咽空气，缓缓游动，鱼在池塘中比较安静，不会有冲撞、跳跃等行为；因缺氧死亡的鱼的胸鳍向前伸展，鳍条发白，在鳃部及体表一般不会有污染附着物。

鱼病引起的死鱼：一般由春天开始，夏季和秋季容易发生，气温和水温较高时，容易发生；鱼从发病到死亡都有一个过程，有明显的前兆，不同的鱼病引起不同品种的鱼死亡，死鱼时没有个体大小、前后之分，鱼是逐步死亡的，不会在短期内大批死亡（一些地区的爆发性鱼病例外）；在水面上一般不会有大量生病的鱼，鱼表现为活动迟缓、离群独游等；许多鱼病都具有其特殊症状，如出血病、打印病、水霉病等，它与鱼受到污染而死亡的形态有许多地方是不同的，但也有相近似的地方，应仔细观察分析。

四是做好后续应对措施。能够辨别死鱼的原因，就可以采取相应的措施：

对于污染引起的死鱼要保留证据，及时请渔业环境监测部门、渔政部门调查取证，通过政府或法律途径寻求赔偿，并要求恢复生态；对于缺氧引起的死鱼，要及时开增氧机、加注新水；对鱼病引起的死鱼要查清病种病情，采取相应的治疗措施。

46 草地严重退化，该怎么做？

草地退化，又称草原退化、草场退化，它既包括“草”的退化，也包括“地”的退化。具体来说，天然草地在干旱、风沙、水蚀、盐碱、内涝、地下水位变化等不利自然因素的影响下、过度放牧与割草等不合理利用以及滥挖、滥割、樵采破坏等自然或人为原因，导致草原的草群组成和土壤性质变劣、产草量下降、草地生态环境恶化、草地牧草生物产量降低与品质下降，从而导致草地利用性能降低，甚至失去利用价值。

小故事 卡西家的草场怎么啦

内蒙古草原上，美丽的蓝天还在，卡西家刚分到草场的时候，全家兴奋、激动、跳跃，张罗着大量养殖牛羊，计划着过自己的自由幸福日子。可是，最近几年，卡西家的草场出问题了，牛羊找不到想要的草了。首先是草场原来的草群种类优势种逐渐减少，衰变为次要成分，而原来次要的牛羊不理的植物逐渐增加；接着是草群中优良牧草的生长发育减弱，牛羊吃不饱了；进而特别让卡西家担心的事发生了：草场出现沙化、旱化及盐碱化，土壤持水力变差，地面裸露，鼠害、虫害增加了。2008 年冬天，草料不足，还饿死了不少牛。卡西家决定求教大学的教授专家，学习科学放牧、科学管理草场的知识，在当地政府和农业银行的帮助下，卡西又投资改造了草场，并按照专家的方案有计划的控制牛羊的数量，实现草畜平衡，慢慢地草原再一次恢复了生机，2012年卡西家牛羊养殖实现了2008年以来的首次大丰收，且收入超过了以往的任何一年。卡西一家的脸上又露出了幸福的笑容。

治理草地退化，唯一的办法就是总结经验和教训，科学改造、科学放养、有序管理。不要等到严重退化时，才想起改正治理，那就太晚了，而要在退化之初，就开始治理，亡羊补牢，才会事半功倍。

◎ 弄清草原退化的主要原因

草原退化一般有自然原因和人为原因两种。自然原因就是气候变化，即温暖化与干旱化，这是整个地球表面共同的变化，人类不能够左右，只能认识这一规律，利用这一规律。人为因素比较多，如过度放牧、过度开垦、搂草、挖药材等。这其中最主要的原因还是过度放牧，在一定自然条件下，单位面积的草场，只能供应一定数量牲畜的活动，如果无限制过分频繁地放牧，牲畜的过度啃食，使牧草来不及生长，来不及积累有机质，势必使草丛变得越来越矮，产量越来越低。不仅如此，那些优良的牧草，即牲畜爱采食的牧草受害最重，影响最大，而那些有毒的或者牲畜不喜采食的植物就得以保存下来。在内蒙古退化严重的草原上，狼毒草大量保存下来，就是这个道理。过度放牧不仅会对牧草产生上述影响，而且长期的大量的过度的牲畜践踏，也会使土壤变得紧实，导致透气透水能力降低，土壤性状恶化。过度开垦也是草原退化的重要原因，过度开垦曾是历史上遗留的原因。在“以粮为纲”、“牧民不吃亏心粮”等口号下，我国天然草原有几次大的开垦种粮的高潮。这些草地大多在半干旱地区，自然条件比较恶劣。草地一旦开垦以后，多数是粗放耕作，不施肥、不灌溉、靠天吃饭，产量很低，有时是种一葫芦收一瓢。种不了几年，多年形成的土壤结构被破坏，有机物质强烈分解，含量降低。即便退耕还草，原本1公顷可以养一只羊的能力降低到几公顷才能养一只羊，而且使草原生态系统原来丰富的生物多样性降低，我国越来越严重的沙尘暴与草原开垦也有一定关系。2000年以来，中央决定退耕还草还林，才使得草原开垦得到遏制。

◎ 采取防止草地退化的措施

一是合理放牧、围栏封育。这是最简单易行也是成效显著的措施。在内蒙古草原退化的草地，一般围栏三年即可发生显著的变化，生产力就可有较大幅度提高。

二是松土改良，建人工草地。这是一种用机械的办法改善土壤的物理性状，进而改良土壤的化学状况，为植物生长创造好的条件，提高生产力的方法。人工草地是一种高产的牧草生产系统。要高产就要有好的基础，就要有高的投入。建立人工草地不是随便什么地方都能满足要求的。选择合适的地形部位与土壤条件十分重要。在内蒙古草原，要选择山前的扇缘地带和相对低洼的地方。在这些地方，由于水热条件的分异而可能形成比较肥沃的土壤以及好的水分条件。有了好的基础，人工草地可以说成功了一半。而另一半就是好的草种，合适的结构，精耕细作，精细管理以及收获等。在这里，要特别强调豆科牧草的选择十分重要。因为我国目前家畜饲草缺乏，最严重的问题就是蛋白质饲料的不足，在人工草种中配合一定比例的豆科牧草，不仅可解决蛋白质饲料的不足，而且豆科牧草的生物固氮，可增加系统中的氮素含量，提高土壤肥力，这是一举两得的事。

三是补播和施肥。即在退化草地上补种合适的豆科或禾本科牧草。在某些局部地区，在可能条件下，施用化学肥料或有机肥料对提高生产力与退化草地改良也有很大好处。草地退化是因为牲畜多了，而草地上的牧草产量少了，草与畜不能平衡。假如我们设法增加牧草的产量，就可以为更多的牲畜提供多的牧草，从而实现新的畜草平衡。这就是建立人工草地与防治草原退化的辩证关系。

四是改畜为禽。草食禽类如鹅、火鸡等耐粗饲，适合在草原上放养。其对草地的践踏危害远远小于牛羊等大牲畜。其他的鸡鸭类也可在草地饲养，不过补饲强度较大，而且必须圈养或者半圈养。值得注意的是，所有的禽类在草地饲养都可以起到防止草原虫害的良好效果，且草地饲养禽类还可以形成好的收益增长点，如内蒙古有家食品公司，打出了“草原生态鸡”的品牌，以绿色纯天然为卖点，在市场上收获了良好的效益。

47 水土严重流失，该怎么做？

两千多年前的黄河比现在长江的水还要清澈见底。但由于人口增长而对土地的利用，特别是对水土资源不合理的开发和经营，使土壤的覆盖物遭受破坏，裸露的土壤受水力冲蚀，流失量大于母质层育化成土壤的量，土壤流失由表土流失、心土流失而至母质流失，终使岩石暴露，黄河混浊。黄土高原是这样，全国很多地方同样如此，水土流失正在危害着我国广大的农村地区。

小故事 本不该发生的舟曲泥石流

位于甘肃省南部的舟曲县，境内山峦重叠，沟壑纵横，地形复杂，是典型的高山峡谷区。山高、谷深、石头多、坡陡、土薄、水流急，荒山荒坡水土流失、泥石流、滑坡严重，成为那里的一种自然现状。2010 年 8 月，武警部队紧急赶往舟曲县救灾，特大泥石流地质灾害还是造成 1117 人遇难，627 人失踪。这是有记录以来舟曲遇到过的最大规模泥石流。在历史上，舟曲人曾多次遭受类似袭击，对泥石流司空见惯。出人意料的是，舟曲素有“陇上小江南”之称，以山清水秀闻名于世，滔滔白龙江横穿全县，像一条洁白的哈达，穿林海，越深谷，景色相当秀美。然而，随着社会生产活动的加剧，滥砍滥伐，人为破坏生态平衡，舟曲县水土流失日趋严重，特别是白龙江流域的自然生态环境发生了恶性变化，由此诱发的洪水、滑坡、泥石流灾害不断，引发了那场特大灾难，造成了难以估量的经济损失。

水土流失的危害很多，包括破坏土壤肥力，泥沙淤积，加剧洪涝灾害，恶化生态环境，影响水资源的有效利用，造成干旱频频等。水土流失，是人地矛盾的突出表现，也是重视城市和工业发展、忽视农村农业环境恶化的不正确思想观念盛行的突出表现。从政府到基层，从城市到农村，从干部到百姓，从工人到农民，都有反省的必要。治理水土流失，一靠政府，二靠社会，三靠农村百姓。特别需要政府的大量投入和社会的大力支持援助，特别需要农民朋友建设绿色家园的行动。

◎ 大搞生态环境建设，再造美好家园

千百年来，农村地区临水而居、依山而作，形成了“靠山吃山，靠水吃水”的习俗。而近些年来，广种薄收掠夺性开发的耕作方式，导致土地过度垦荒，水资源过量开采，乱砍滥伐及超载放牧，造成了严重的水土流失和土壤沙化，给农业生产带来了灾难性后果。以荒漠化的陕北为例，由于长期凭借“三口”（人口、牲口、灶口）向黄土地无限索取，终于形成了南部沟壑纵横、植被稀疏、水土流失泛滥，北部风沙肆虐、土地退化、沙进人退的生态脆弱局面。为了保护和改善自己的家园，农民朋友应积极响应党中央提出的“再造山川秀美”生态理念，参与水土流失的治理，走生态农业的发展路子。

一是退耕还林还草，绿化土地。植物有固土能力，也就是常说的“水土保持”能力。水土流失，根源在人，在于人和自然和谐相处的理念被抛弃在脑后。人在陡坡开垦、草地种粮、过度放牧，不该搞工程的地方大搞工程建设，就会造成植被破坏，水土流失。所以，该退耕还林还草的地方，要毫不犹豫地去做。农民朋友要积极响应国家的号召，自觉行动起来拥护退耕还林、退耕还草的政策。

二是减少砍伐，植树造林。有的贫穷地方因为没有柴烧，砍掉了树、流走了土、显出了岩石坡。要恢复植被，加强生态建设，就要改变烧柴的习惯，以气代柴、以电代燃料，利用太阳能，这样就可以有效杜绝对山林的砍伐，保护现存的森林植被。同时要积极植树造林，弥补过去乱砍滥伐的过失，绿化山地，绿化家园。

三是调整农业结构，科学生产。除了上述讲的退耕还林还草，农民朋友要注意自然资源利用的技术条件，结合本地特点，安排合适的种植品种和养殖品种。既要大力应用新品种和新技术，发展绿色农业、生态农业，提高单位种植（养殖）面积的产量，改善农产品品质，减少农业污染；也要善于捕捉市场信息，正确判断市场供求行情，及早调整产品结构，做到“人无我有，人有我优”，实现收益最大化。

四是推广节灌技术，减少水资源浪费。农业节水包括推广小麦、玉米、水稻高产节水技术，主要是根据作物水肥需求规律，运用耕作技术，压缩无效用水，达到水肥耦合高效利用和节水增产增效的目的；继续运用传统的节水种植方式，如梯田与条田种植、水平沟种植、隔坡水平沟种植、圳田种植、坑田种植、地孔田种植、垄沟种植等，这些种植方式使土壤含水率一般提高1%～8%；采用抗旱、节水、优质、高产的粮食抗旱新品种；等等。

48 企业生产污染了周边环境，该怎么做？

随着社会的发展和人们环保意识的逐渐增强，工业生产企业对周边环境造成的污染问题日益引起了人们的重视。严重的环境污染事件不仅会带来身体健康问题，还会带来社会问题。从经济的角度来说，某些可能造成污染的企业之所以会对环境带来威胁，主要还是没有全面衡量经济发展和环境保护之间的关系，忽视了企业的社会责任。有数据表明，2010年1至7月，中国发生环境污染事故119起，平均不到2天发生一起。也许，你身边就有企业生产导致的严重污染，那么该如何应对呢？

小故事 “我不要钱，要命”——一个农民的抗争

如果，你住在家里每天不敢开窗户，开窗就会闻到恶心的气味；如果，你新建的水泥小楼没两年就被腐蚀得一塌糊涂；如果，你家旁边的小河没有了鱼虾，寸草不生；如果你每天从井里打上的水散发出怪味，不能煮饭，不能泡茶。你会怎么办?

这是从前湖南岳阳某镇的真实生活。2008 年前，该镇有大大小小 20 多家造纸企业，每年上缴利税数千万，解决当地就业 2000 多人，是有名的“造纸重镇”，但其代价就是污染物的大量排放，镇上所有饮用水源被污染，周边的湖里、小河、水塘里鱼都无法生存。

在无法忍受这种生活环境的情况下，老张与他所在村的村民们开始奋起抗争。2008 年老张当选为村主任，之后便不断向有关部门和上级反映本村和镇被污染的情况，村民们也纷纷站在他背后支持他，慢慢地有相关部门工作人员、记者前来调查，老张总是十分热情地领着他们实地察看，反映真实情况。但此时，老张家的正常生活也开始受到威胁，常常有不知名的电话警告他不要多管闲事，也有不少老板直接告诉他，只要他不带头，就可以送他几十万元，但老张都不为所动。他跟别人说，“我什么都不怕，因为我站在正义的一方”、“我不要钱，要命”。在老张与村民们的不断呼吁中，最终，2009 年年底，该镇的造纸厂全部无条件关停。

没有造纸厂，并不代表就没有了发展。在关停了造纸厂后，老张带领村民们大力发展生态农业，通过种植绿色水果、利用洞庭湖的优势条件发展生态养殖，很快村民们的钱包就鼓起来了。该镇也很快调整了发展思路，大力发展生态农业、休闲农业，到了 2012 年，财政收入基本就达到造纸厂关停前的水平，成为了远近闻名的生态镇。

◎ 保护自己，爱护环境，走可持续发展之路

据最新消息，农村的污染排放已经占到了全国的“半壁江山”。农村环境问题很多，形势相当严峻，农村环境整治任务非常繁重。农村地区受到工矿污染和城市污染转移双重威胁。大多数农村工矿企业规模小，布局分散，工艺落后，缺乏有效的污染治理设施，对周边环境污染严重。随着城市污染控制力度的加强，污染企业向农村地区转移增加，成为农村新的污染来源。农民朋友要坚强地站出来，保护环境、保卫家园，坚定不移走“环境友好、健康发展”之路。

一是学法懂法，以正当的手段保护家园。企业污染了你村里的水、土、空气，首先要注意安全，停止使用被污染的水源，停止使用被污染的农产品。家园不保时，要依法维护自己和家人的生存与发展权益。国家也支持农民的环境知情权、参与权和监督权，维护农民的环境权益。近年来，国家高度重视农村环境保护工作，出台了《国务院关于落实科学发展观加强环境保护的决定》等文件，2007 年国家环保总局等 8 部委联合发布了《关于加强农村环境保护工作的意见》。学习掌握好这些法规和政策的内容，有利于村里人与企业谈判，解除污染事件的继续伤害。也可以向法院提起诉讼，提出正当要求，包括停止继续污染、赔偿各种损失等。

二是防污治污，重建美好生态家园。要注意加强对进村企业的监督，要求企业严格执行国家产业政策和环保标准，淘汰污染严重的落后的生产工艺、设备。一旦发现可疑污染现象，立即报告环保部门依法制止，防止污染你的村子。另外国家有一项“以奖促治”环保政策。村里若有已经被污染的土地、河塘，要积极主动开展治污行动，将治污和恢复发展生产有机结合起来，例如：可以先贷款或集资进行综合治理，出了成效和经验来，然后申报国家的奖励。

三是参与科技创新，推动村庄环境保护。可以在发展多种经营、搞活经济的同时，积极投资入股，参与建立以农村生活污水、垃圾处理以及农业废弃物综合利用技术为主体的农村环保科技支撑体系。积极主动应用那些日益

成熟的农村环保适用技术。例如改进畜禽养殖模式、参与发展沼气、风能、太阳能、秸秆气化生物质能等新型清洁能源的利用等。对于村办的高污染企业的处理，要依据国家政策，关停并转相结合。有条件的可以就地转型和开展清洁生产，也可以建议向工业园区集中，搬离村庄，大家集思广益，谋划村里最新的产业布局，创办科技创新企业，推动村庄环境保护。

49 山林遭受严重砍伐，该怎么做?

近年来，在经济利益驱使下，大片的山林被滥砍滥伐，造成水土流失、泥石流频发、珍稀动物失去栖息地、生态环境被破坏的严重后果。著名的环保人士吴登明曾说过：一片森林就是一个银行，砍伐树木就是吃本金，而可持续开发生态资源就是吃利息，只有吃利息才可以子子孙孙无穷尽。但是迫于生计或者是受眼前利益驱使，农民朋友不见得理解随意砍伐树木带来的危害，或者即使能够理解，也暂时没有更好的解决办法。但无论如何，肆意砍伐山林造成生态环境恶化的行为不可原谅。

小故事　老村长的 20 年

20 世纪 90 年代初的果园村，由于连下暴雨山洪暴发，引起了小型的泥石流，冲毁了当地的房子，还造成了人员伤亡。当时的村长是个精干的中年汉子，面对记者的采访，他的手死死地抓着裤管，嘴紧紧地抿着。那次暴发泥石流和连日的暴雨有关，也和那几年山里人急于致富，乱砍山林脱不了干系。连着几年大家砍树得了甜头，砍着砍着山就秃了，动物少了，小河浑浊了，一场暴雨就造成了无法挽回的后果。平心而论，村长是个能人，但是泥石流弄死了人，村长也就当不下去了。如今果园村，满山的树木郁郁葱葱。自从那次泥石流之后，老村长就从村长的位置上退下来，承包了这片毁坏最严重的山头，去农科院请教了专家，从山头到山脚，根据不同的条件种了不同的树，有杨树、落叶松、油松、苹果、桃树、梨树和杏树等。20 年来，老村长天天早晨 5 点就起床，挑着水担、粪担上山，一天往返三次，有时就带着干粮住在山里。在他的努力下，这片山不但又绿了，村民们也有了保护山林的意识，这不，前阵子当地又下了特大暴雨，山都好好的，大家的房子也好好的。

山林砍伐后空气质量会下降，当地的水土保持性会减弱，植物多样性会减少，水土流失和旱灾发生可能性加大，更有可能造成泥石流，长此以往会导致沙漠化，沙尘暴等灾害性天气，最终影响、破坏整个生存环境。农民朋友唯一正确的选择就是自己组织起来护林，并积极向村委会建言。

一是主张依法处置，谁砍伐谁修复还原。山林砍伐要防患于未然，农民朋友自己要遵照有关政策要求，严格砍伐审批手续，不过度砍伐。即使是自己家里种的树木，砍伐或交易也必须经过县、市、地区甚至省林业部门批准。若发现恶性砍伐事件，要进行阻止，并联合村民依法控诉，主张谁砍伐谁修复还原。

二是参与封山育林，植树造林。封山育林是利用森林的更新能力，在自然条件适宜的山区，实行定期封山，禁止垦荒、放牧、砍柴等人为的破坏活动，以恢复森林植被的一种育林方式。根据实际情况可分为“全封”（较长时间内禁止一切人为活动）、“半封”（季节性的开山）和“轮封”（定期分片轮封轮开）。这是一种投资少、见效快的育林方式。通过封山育林形成的林分植被种类增多，生物多样性增加，涵养水源、保持水土的能力增强，森林病虫害减轻，林分质量提高。原来的疏林地、灌丛地、灌木林地、具备封育条件的荒山荒地等经过 5 ～ 10 年的封育，大多成为了有林地，而封育成本仅为人工造林的 1/10 ～ 1/5。封育起来的林分，植被种类丰富，使其涵养水源、改良土壤、水土保持的功能大大增强，为改善工农业生产条件起到了重要的作用，使粮食产量和农业产值得到稳步提高。许多山区县封山育林后水源条件得到了有效改善，许多过去只能种一季的农田，如今两季都能高产。农民朋友要积极参与封山育林，并做好植树造林工作。

三是贯彻国家土地政策，搞好山林承包、延包工作。为保护山林，农民朋友可以通过村民代表大会或向村委会提出建议，将山林承包给有良心和责任心的农户，并签订好相关保护山林的合同。另外，要贯彻国家的延包政策。农村的山土都实行了经营承包责任制。乱砍滥伐多发生在第一轮土地承包到期，土地易主的时候。第一轮土地承包到期，一些地方制订的延包政策与中央的“大稳定、小调整”政策不相吻合，损害了农民的利益，导致乱砍滥伐。所以，我们要认真贯彻“大稳定、小调整”的政策。特别是树木较为集中的土地，一般不应变动承包关系，原承包人死亡的应及时确定承包继承人，防止有人采用非法手段“抢包”，损害原承包人的利益而引起乱砍滥伐。

四是建言明确山林产权，稳定农户长期经营的积极性。有的地方，由于山林产权不够明晰，群众在思想上产生许多顾虑，管还是不管，投入还是不投入，举棋不定，农民保护和开发山林资源的积极性受到影响，社会力量参与林业开发的积极性受到挫伤，一定程度上影响了林业的健康持续发展。近年来，一些历史遗留问题逐渐突出，乱砍滥伐林木现象和因山界不清引发的山林纠纷时有发生，给农村社会稳定带来了负面影响。随着市场经济发展，森林资源要逐步变现为森林资产，很重要的前提是产权要明晰，权、责、利要挂钩。因此，可根据当地实际，与村民联合向政府、村委会建言，开展山林产权界定工作，进一步稳定山林承包责任制，保护承包经营者的合法权益，真正实现“山有其主、主有其权、权有其责、责有其利”。

后　记

作为三农智库，《农民十万个怎么做》丛书是我们推进三农理论通俗化、让三农理论走进农家的又一个新的探索，既凝结着指导与支持本丛书出版的各界人士的关怀，也凝结着我们希望本丛书能切实服务农民的热切期待。

本丛书的付梓出版，凝聚了众多的关怀和支持。在此，要感谢国家行政学院出版社的大力支持，特别是责任编辑为丛书的高质量如期出版付出了辛勤的劳动。要感谢全体编著者，以热爱农村、服务农民的情怀，严谨的科研作风和良好的合作精神，不辍劳作，付出了心血和汗水。

特别要感谢中央农村工作领导小组办公室陈锡文主任，在百忙之中为丛书作序，激励我们不断深入地研究与探索，增强服务农民的责任感和使命感，再次表示衷心的感谢！

提升农民自身发展能力是解决三农问题的关键。帮助广大农民朋友提高文化素养和科技水平，对我们三农理论工作者来说，责无旁贷，但也任重道远。我们由衷地希望，本丛书能对广大农民朋友有所帮助，也希望有更多的有识之士关注和帮助农民自身的发展，为推动农村发展贡献力量！

最后需要说明的是，本丛书的部分数据、案例、技术来自报刊、网络、专业著作与论文，由于时间关系难以一一核对和注明出处，在此，我们表示深深的歉意！且由于水平有限，失误之处，在所难免，敬请大家谅解！

陈文胜

2013 年秋